전통과 보수의 나라 영국 2

영국 문화

차례
Contents

머리말

오늘날 우리는 이질 문화들이 융합하고 충돌하는 다문화 시대에 살고 있다. 따라서 다양한 선진 문화를 체계적으로 이해하고 체험하는 것이 그 어느 때보다 중요하다. 왜냐하면 타 문화에 대한 올바른 식견과 건전한 수용이 전제되어야 자민족중심주의와 문화적 편견에서 벗어나 지구촌 시대에 걸맞은 진정한 세계 시민으로 온전한 삶을 영위할 수 있기 때문이다.

오래전에 유럽 대륙으로부터 떨어져 나온 섬나라 영국은 대륙의 여러 민족과 섞이고 융합하는 가운데 독특한 문화를 빚어냈다. 또한 세계 땅덩어리의 4분의 1에 달하는 광대한 식민 영토를 지배하면서 세계 문화 전반에 지대한 영향을 미쳤다. 오늘날 지구촌 곳곳에서 향유되고 있는 문물의 혜택들은 거의 모두가 영국이 전수해준 것들이다. 그뿐만 아니라 유구한 역사와 문화, 그리고 아름다운 경관까지도 겸비하고 있어 세계 그 어떤 나라와도 견줄 수 없는 매력이 있다. 영국의 진정한 힘은 바로 여기, 즉 지구촌 문화의 뿌리에 있다.

대학 강단에서 30여 년 동안 영국의 역사와 문화에 대해 가르치다 보니 이제 제법 영국과 친해졌다. 오래전부터, 무한한 잠재력을 가진 이 나라에 관해 뭔가를 쓰고 싶었지만 차일피일 미루다가 이제야 용기를 냈다. 하지만 능력과 지면의 한계 때문에 다루지 못한 분야와 부족한 점이 많아 부끄러울 뿐이다. 독자 여러분의 따가운 질책을 달게 받을 마음의 준비가 단단히 되어 있다.

이 책은 깊이가 있는 전공 서적이 아니다. 그저 영국 문화에 관심이 있는 일반 독자들을 위한 입문서일 뿐이다. 따라서 필자는 영국 문화에 관해 가급적 쉽고 간결하게 서술하고자 했다. 그리고 연합 왕국을 구성하는 스코틀랜드와 웨일스 문화를 따로 분리해서 다루었기 때문에 지역 문화를 보다 쉽게 이해할 수 있는 장점이 있다. 우리 사회의 각 부문에서 영국에 대한 관심이 다시 일고 있는 요즈음, 이 책이 영국과 친해질 수 있는 길라잡이 역할을 해주길 바란다.

시원찮은 이 책을 쓰는데 네 번의 방학을 꼬박 연구실에서 보냈다. 그동안 많은 시간을 함께 하지 못해도 아무런 불평 없이 내조해준 아내 혜경이, 아들 성환이, 며늘아기 선영이, 그리고 무엇보다도 이 세상에 태어나서 우리 가족에게 행복을 듬뿍 안겨준 손자 재영이에게 사랑과 함께 고마운 마음을 전한다. 또한 바쁜 와중에도 정성껏 이 책을 만들어주신 살림출판사 심만수 대표와 최문용 팀장을 비롯한 편집진 여러분께 깊은 감사를 드린다.

2018년 8월
부아산자락 연구실에서
한일동

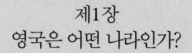

제1장
영국은 어떤 나라인가?

국가의 명칭

유럽 대륙의 북서해안에서 떨어져 나온 5,000여 개의 섬들을 총칭해서 브리티시 제도(The British Isles)라 부른다. 이들 중 가장 큰 섬인 그레이트브리튼(Great Britain, GB)섬은 잉글랜드(England), 스코틀랜드(Scotland), 웨일스(Wales)로 구성되며, 다음으로 큰 섬인 아일랜드(Ireland)섬은 아일랜드 공화국(The Republic of Ireland)과 북아일랜드(Northern Ireland 또는 Ulster)로 구성된다. 아일랜드 공화국은 1949년 영국으로부터 완전히 독립을 했지만, 북아일랜드는 여전히 영국령(領)으로 남아있다. 채널제도(The Channel Islands)와 맨섬(The Isle of Man)은 오늘날 영국령이 아닌 자치령이지만, 여전히 영국의

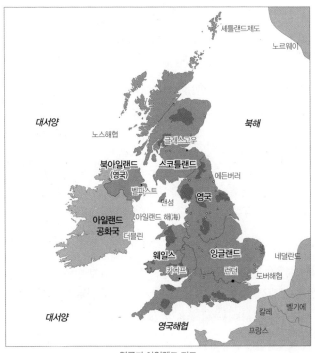

대서양

북해

노스해협

세틀랜드제도

노르웨이

글래스고우

북아일랜드
(영국)

스코틀랜드

에든버러

벨파스트

맨섬

영국

아일랜드 해(海)

아일랜드
공화국

더블린

웨일스

잉글랜드

네덜란드

카디프

런던

도버해협

대서양

영국해협

칼레

벨기에

프랑스

영국과 아일랜드 지도

왕(여왕)에게 충성을 서약하고 있다. 따라서 영국의 영토는 그레이트브리튼섬과 북아일랜드, 그리고 작은 부속 도서(島嶼)들로 구성되며, 영국의 공식 명칭은 '그레이트브리튼과 북아일랜드 연합왕국(The United Kingdom of Great Britain and Northern Ireland, UK)'이다.

한편, 로마인들은 도버해협(The Strait of Dover) 남쪽 해안가의 하얀 석회석 절벽에서 힌트를 얻어 그레이트브리튼섬을 '앨비언(Albion: 'white land'란 뜻)' 또는 '브리타니아(Britannia: 로마인들이 잉글랜드에 붙인 명칭이며, 영국의 수호 여신을 뜻하기도 함)'로 부르기도 했는데, 이 또한 영국을 지칭하는 명칭들이다.

'영연방(The British Commonwealth of Nations)'은 영국과 함께 캐나다, 호주, 뉴질랜드, 인도 등 과거에 영국의 식민지였던 53개 국가와, 비록 영국의 식민지는 아니었지만 영연방에 가입한 모잠비크로 구성된 국제기구로 1931년 설립되었다. 모든 회원국은 완전 독립국이며 영국 왕을 섬겨야 할 의무는 없다. 영연방은 민주주의, 인권, 세계평화, 교육과 보건, 법질서, 자유무역의 증진을 공동의 가치로 추구하며, 영국 국왕을 비롯한 영연방 국가의 정상들이 2년에 한 번씩 모여 '영연방정상회의(The Commonwealth Heads of Government Meeting, CHOGM)'를 갖는다.

국가(國歌)

영국의 국가 「하느님, 국왕(여왕) 폐하를 지켜주소서(God Save the King[Queen])」는 16세기 민요에 그 뿌리를 두고 있으며, 1745년 처음으로 런던에서 공개적으로 연주되었다. 1745년 9월 스코틀랜드의 찰스 에드워드 스튜어트 왕자(Prince Charles Edward Stewart)가 왕위 계승을 요구하며 싸우다가, 에든버러(Edinburgh) 인근 프레스톤팬스(Prestonpans)에서 조지 2세(George II)의 군대에게 패하자, 이를 계기로 애국심의 물결이 런던에까지 미치게 되었다. 당시 로열 극장(Theatre Royal) 악단 단장이었던 드루리 레인(Drury Lane)이 공연을 마친 뒤, 「하느님, 국왕 폐하를 지켜주소서」를 연주하여 큰 호응을 얻자, 다른 극장들도 앞 다투어 이 곡을 연주하게 되었는데, 이때부터 국왕이 공식석상에 등장할 때 「하느님, 국왕 폐하를 지켜주소서」를 연주하는 것이 관행으로 정착되었다. 하지만 공식적인 국가로 불리게 된 것은 19세기 초부터이며, 1946년 조지 6세(George VI)에 의해 가사의 일부가 수정되어 오늘날까지 사용되고 있다.

국기(國旗)

　'유니언 잭(The Union Jack, The Union Flag)'으로 널리 알려진 영국의 국기는 연합왕국을 형성하는 잉글랜드, 스코틀랜드, 아일랜드 3국의 국기가 조합되어 만들어진 것으로, '그레이트브리튼과 북아일랜드 연합왕국' 전체를 표상하는 상징이다. 원래 잉글랜드의 국기는 잉글랜드의 수호성인 성 조지(St. George)를 상징하는 흰색 바탕에 붉은색 십자가였다. 하지만 1603년 잉글랜드의 왕실과 스코틀랜드의 왕실이 하나가 되면서, 잉글랜드의 국기와 스코틀랜드의 수호성인 성 앤드루(St. Andrew)를 상징하는 파란색 바탕에 흰색 대각선 십자가로 된 스코틀랜드의 국기가 합쳐져서 연합 영국의 국기가 되었다. 이후 1801년 아일랜드가 합병되면서 아일랜드의 수호성인 성 패트릭(St. Patrick)을 상징하는 흰색 바탕에 붉은색 대각선 십자가의 아일랜드 국기가 추가되어 오늘날의 영국 국기로 완성된 것이다. 웨일스의 국기였던 '웨일스의 용(The Welsh Dragon, The Dragon of Cadwallader)'이 유니언잭에 반영되지 않은 이유는, 잉글랜드의 국기가 처음 만들어질 당시, 웨일스는 이미 잉글랜드와 합병(1536)된 상태였기 때문이다.

제2장
자연환경

국토

영국은 원래 유럽 대륙의 일부였지만, 지금으로부터 약 1만 년 전 대빙하기가 끝날 무렵, 빙하가 녹으면서 해수면이 상승하여 유럽 대륙으로부터 분리되었다. 지금은 1994년 5월 6일 개통된 '채널터널(Channel Tunnel, Euro Tunnel, Chunnel)'에 의해 다시 연결되었다. 영국은 북대서양과 북해 사이에 위치하며, 도버해협을 사이에 두고 유럽 대륙에 있는 프랑스 및 벨기에와 인접해 있다. 영국의 위도는 북위 50도와 61도 사이에 위치하며, 경도 0도의 '본초자오선(本初子午線)'이 런던의 그리니치 천문대를 통과하고 있다. 영국은 잉글랜드, 스코틀랜드, 웨일스, 북아일랜드, 그리고 기타 부속 섬들로 구성된다. 국토 면적은 24만 3,025제곱킬로미터로 우리나라 남북한 전체 면적의 약 1.2배 정도이다. 잉글랜드의 남쪽 해안에서 스코틀랜드의 가장 먼 북쪽까지의 거리는 970킬로미터이며, 동서의 길이는 잉글랜드의 동쪽 해안에서 웨일스의 서쪽 해안까지 가장 먼 거리가 464킬로미터이다. 가장 높은 산은 스코틀랜드의 벤네비스산(Ben Nevis)으로 해발 1,343미터이고, 가장 긴 강은 세번강(The Severn)으로 338킬로미터이다.

영국의 국토는 넓은 편은 아니지만, 다양한 풍경과 뚜렷이 대조를 이루는 지형들로 구성되어 있다. 높이 솟은 산이나 산맥, 거대한 강, 평원, 숲들이 별로 없어 얼핏 단조로워 보일지 모르나, 기후에 버금갈 정도의 변화무쌍한 다양성이 있다. 전체적으로 남쪽과 동쪽은 저지대로 평원과 완만한 언덕으로 이루어져 있으며, 북쪽과 서쪽은 고지대로 산지가 많다. 스코틀랜드의 하일랜드(The Highlands) 지역, 그램피언 산맥(The Grampians), 남부 고지(The Southern Uplands) 지역, 그리고 잉글랜드 북부의 페나인 산맥(The Pennines: '잉글랜드의 척추'라 불림)과 웨일스의 대부분은 대표적 산지이다.

영국 국토의 대부분은 주거지로 이용되고 있다. 이는 인구 밀도가 높아서가 아니라 영국인의 전원생활에 대한 동경과 프라이버시를 중시하는 경향 때문이다. 도시들도 고층화를 통해 효용의 극대화를 지향하기보다는 넓게 확산되는 경향이 있다. 한 예로, 런던의 인구는 아테네의 약 3배 수준이지만, 도시 면적은 거의 10배를 차지하고 있다.

기후

영국인이 타협의 명수라는 사실은 어느 정도 기후와도 관련이 있다. 영국의 기후는 대서양으로부터 불어오는 남서풍과 멕시코 만류의 영향으로 대체로 온화하며, 극단적인 경우는 극히 드물다. 기온이 섭씨 32도 이상 올라가거나 영하 10도 이하로 떨어지는 경우는 거의 없다. 여름에는 위도로 인해 북쪽보다는 남쪽이 더 따뜻하고, 겨울에는 북대서양 해류의 영향으로 동쪽보다는 서쪽이 더 온화하다. 따라서 웨일스와 남서 반도가 가장 온화하고, 동부가 극단의 기후를 보이긴 하지만, 지역 편차가 그리 심한 편은 아니다. 겨울철의 평균 기온은 섭씨 4~6도이고, 여름철의 평균 기온은 섭씨

16~18도이지만, 지구 온난화와 기상 이변 등으로 인해 기후를 예측하는 것이 점차 어려워지고 있다.

일찍이 영국의 시인이자 문학 평론가였던 새뮤얼 존슨 (Samuel Johnson)은 "영국인 두 사람만 만나면 날씨에 대해 이야기를 한다"고 했는데, 이처럼 영국인이 날씨에 관해 이야기 나누기를 좋아하는 것은 프라이버시를 중시하는 성향 때문이기도 하지만, 하루에도 4계절을 모두 경험할 수 있는 변화무쌍한 그들의 날씨와도 관련이 있다. 그러므로 '영국은 기후가 없고, 단지 날씨만 있다(Britain doesn't have a climate, it only has weather.)'라는 말은 전혀 틀린 말이 아니다. 7월에도 선선하거나 추운 날이 있는가 하면, 1월에도 따뜻한 날이 한동안 지속되기도 한다.

연평균 강수량은 서쪽과 북쪽 산간 지역이 1,600밀리미터 정도이고, 중부와 남동부 지역은 800밀리미터 정도이다. 비는 연중 고르게 내리지만 3월부터 6월까지가 가장 건조하고, 9월부터 1월까지는 강수량이 가장 많은 시기이다. 겨울은 비교적 따뜻하기 때문에 저지대에서 눈을 볼 수 있는 기회는 극히 드물며, 고지대에서만 볼 수 있다.

런던

새 천 년의 아이콘(Icon) '런던 아이(The London Eye, The Millennium Wheel)'와 '밀레니엄 돔(Millennium Dome: 런던의 그리니치반도에 있는 돔형 건축물로, 건축가 리처드 로저스가 설계한 전시 및 공연장)'으로 표상되고, 다양성과 역동성으로 세인들의 이목을 끄는 런던(London)은, AD 43년 로마인에 의해 세워져, 다가오는 2043년이면 도시 건설 2000주년을 맞게 된다.

로마의 클라우디우스 황제의 영도 아래 잉글랜드를 침략한 로마군은 43년 잉글랜드의 남동부 템스강(The Thames) 하구로부터 약 60킬로미터 떨어진 런딘(Llyn-dyn: 아일랜드어로 '습지'라는 뜻)에 보급 기지를 세우고 '론디니움(Londinium: '호수의 도시'라는 뜻)'이라 불렀는데, 이곳이 오늘날 영국의 수도 런던이다.

런던은 영국의 정치, 경제, 문화 그리고 교통의 요지일 뿐 아니라 영연방의 본거지로서, 뉴욕, 상하이, 도쿄와 더불어 세계 최대 도시 중 하나이다. 1665년 발병한 대역병과 1666년 발생한 런던 대화재의 여파로 150킬로미터 이상 교외로 확산된 '대런던(Greater London)'은 면적이 1,580제곱킬로미터(610제곱마일)를 넘어 계속 확장 일로에 있으며, 32개 런던 버러(London Borough, 자치구)와 시티(The City of London, The Square Mile: 런던의 구 시내를 지칭하는 말)로 구성된다.

지형은 남북 교외가 약간 높고 템스강을 사이에 두고 있는 시가지는 다소 낮은 편이나, 템스강의 하도(河道)가 자주 변경됨에 따라 평탄한 시가지도 기복이 있다. 기온은 한서(寒暑)의 차이가 적어 연평균 약 10.5℃이다. 위도 상으로 북위 51°5′에 위치하고 있지만, 멕시코 만류의 영향으로 겨울에도 비교적 따뜻하며, 강설량도 적은 편이다. 1월 평균 기온은 4.2℃로 서울의 −4.9℃에 비해 9.1℃나 높다.

한편, 여름에도 기온이 그다지 높지 않으며, 7월의 평균 기온은 17.6℃로 서울보다 7.1℃나 낮다. 강수량도 적어 연간 약 750밀리미터로 서울의 50퍼센트 정도 수준이지만, 강수 일 수는 훨씬 많아 1년의 절반에 가까운 168일에 달한다.

겨울에는 강수량은 적지만 대체로 날씨가 흐려 어두침침하다. 또한 런던은 안개로 유명해서, 11월부터 이듬해 2월까지 짙은 안개가 자주 낀다. 바람은 편서풍이지만 강풍은 거의 불지 않는다.

시티는 런던 중심부의 모든 곳을 지칭하는 것이 아니라, 로마와 중세가 남긴 유적들로 가득한 도심부의 동쪽 작은 지역(0.5제곱킬로미터)을 일컫는다. 이곳은 오랜 역사와 전통이 살아 숨 쉬는 곳으로 무역과 교역, 상업과 금융의 중심지이다. '올드 베일리(The Old Bailey, 런던 중앙 형사 법원)'로 지칭되는 법조단지와, 1980년대까지 영국 언론의 중심지였던 '플리트 가(街)(Fleet Street)'가 이곳에 있다. 또한 중세의 상업 및 수공업 동업자 조직 길드(guild)에서 유래한 시의회와 시민의회에 의해 런던의 다른 지역과 별도로 통치된다. 따라서 독자적인 경찰력과 시장(市長)이 있다.

속칭 빈민가로 불리는 '이스트엔드(The East End)'는 시티 동쪽으로 산업화가 진척되고 런던 부두가 성장하면서 생겨난 지역이다. 이곳은 해외 이민자들이나 난민(難民)들이 일자리를 찾기 위해 몰려드는 곳으로, 복식 산업(clothing industry)과 페티콧 레인 마켓(Petticoat Lane Market: 19세기에 Middlesex Street로 개칭됨)으로 지칭되는 다양한 시장(市場)들로 널리 알려진 지역이다. 전통적으로 이스트 엔드 지역에서 태어난 사람은 '런던내기(cockney, 런던 토박이)'로 불렸는데, 오늘날은 런던 사람(Londoner)처럼 말을 하는 모든 사람들을 그렇게 부르는 경향이 있다.

'웨스트엔드(The West End)'는 런던 중심부 북쪽의 몰(The Mall)에서 옥스퍼드 스트리트(Oxford Street)까지 이르는 지역으로, 런던의 서쪽 교외에 해당하기 때문에 붙여진 명칭이다. 이곳에는 트래펄가 광장(Trafalgar Square)을 비롯하여, 중심 쇼핑가인 옥스퍼드 거리, 리젠트 거리(Regent Street), 본드 거리(Bond Street), 연예와 휘황찬란한 밤무대의 중심인 소호(Soho), 피커딜리 서커스(Piccadilly Circus), 레스터 스퀘어(Leicester Square), 셰프츠베리 애비뉴(Shaftesbury Avenue) 등이 있어 수많은 엔터테인먼트(entertainment)를 즐길 수 있는 곳이다. 또한 40여 개 이상의 극장이 밀집해 있어 브로드웨이(Broadway)에 필적할 만한 세계 연극의 중심지이기도 하다.

'웨스트민스터(Westminster) 지역'은 시티 다음으로 런던에서 가장 오래된 지역으로, 버킹엄 궁전(Buckingham Palace: 런던 중심가에 있는 영국 왕실의 궁전), 세인트 제임스 궁전(St. James Palace), 국회의사당(Houses of Parliament), 웨스트민스터 사원(Westminster Abbey) 등이 위치하고 있어, 영국 정치의 중심지 역할을 하고 있다.

'화이트홀(Whitehall)'로 불리는 거리는 의회 광장(Parliament

Square)에서 트래팔가 광장까지 이르는 곳으로, '다우닝가 10번지(No. 10 Downing Street)'로 지칭되는 총리 관저를 비롯하여 정부 청사와 장관들의 거처가 몰려 있어 영국 행정부의 중심을 이루는 지역이다.

켄싱턴(Kensington)과 나이츠 브리지(Knights Bridge) 지역은 상류층의 고급 주거지로, 각국의 대사관저, 호화 백화점, 호텔, 레스토랑, 박물관 등이 몰려있는 곳이다. '도처의 만인에게 모든 물건을 제공한다'는 슬로건으로 널리 알려진 해러즈 (Harrods) 백화점, 매년 여름 '프롬(The Proms: Promenade Concert 의 줄임말로 산책이나 춤을 추면서 듣는 축제 분위기의 음악회를 뜻함)'이라 불리는 클래식 음악 콘서트 축제가 열리는 앨버트 홀(Albert Hall), 런던에서 가장 흥미로운 빅토리아 앤 앨버트 박물관(Victoria and Albert Museum), 과학박물관, 자연사 박물관 등도 이곳에 있다.

제3장
인구와 언어

인구와 인종

영국의 인구는 총 6,090만 명(잉글랜드 5,080만, 스코틀랜드 530만, 웨일스 300만, 북아일랜드 180만)으로 인구수로는 세계 15위이며, 인구밀도는 1제곱킬로미터 당 250명이다.

영국은 미합중국과 마찬가지로 다인종·다민족 국가이다. 역사 초반에 침략을 통해 정착하게 된 다양한 민족들과, 중세부터 현대까지 이민 온 여타의 민족들이 오늘날 영국의 인종적·민족적 다양성을 말해준다(박우룡 37).

사람들은 수 세기 동안 세계 도처로부터 정치·종교적 박해, 전쟁, 가난 등을 모면하거나 더 나은 삶을 찾아 영국으로 건너왔다. 켈트족, 로마인, 앵글로색슨족, 바이킹족, 노르만족들로 구성된 초기의 토착사회는 이후로 유입된 다양한 민족들로 인해 다민족 국가로 변모하게 되었다. 아주 오래전부터는 아일랜드인이, 19세기 말에는 유대인이, 1930년대와 1945년 이후에는 유럽의 난민이, 1950년대와 1960년대에는 아시아인, 서인도제도인, 아프리카계 카리브인들이 차례로 정착을 했다.

2001년 인구통계에 의하면, 백인 88.6%, 기타 계열 백인 2.4%, 아시아계 인도인 1.8%, 아시아계 파키스탄인 1.3%, 혼합 인종 1.2%, 아일랜드인 1.1%, 흑인 계열 카리브인 1.0%, 흑인 계열 아프리카인 0.8%, 흑인 계열 방글라데시인 0.5%, 중국인 0.4%, 그리고 기타 계열 아시아인이 0.4%인 것으로 나타났다.

이 같은 다인종·다민족 사회는 필연적으로 인종차별이나 문화충돌 등과 같은 사회문제를 야기하고 있다. 하지만 구성원들 모두가 타문화의 정체성을 존중하면서, 호혜의 정신으로 영국사회에 적응하기 위해 노력하고 있다.

언어

    영어는 지난 400여 년에 걸쳐 급속도로 보급되어, 세계 인구의 대략 4분의 1이 모국어(약 4억 명)나 제2외국어(약 4억 명 이상) 또는 외국어(수백만 명)로 사용함으로써, 명실 공히 '세계어(World Language)'로 자리매김하고 있다. 영국의 경우, 전체 인구의 대략 95퍼센트(약 5천 8백만 명)가 영어를 사용하고 있다.

    영어는 '인구어 조어(印歐語 祖語, Proto-Indo-European Language)' 계열의 '저지 게르만어군(Low-Germanic Group)'에 속하는 굴절어(屈折語, Inflectional Language)로서, 5세기 중엽 앵글로색슨족(Anglo-Saxons)이 영국을 침략할 때 가지고 온

'잉글리시(Englisc)'라는 언어의 방언(方言)으로부터 발전했다. 5세기 말에 고대 영어(Old English, OE)로 자리 잡은 '잉글리시'는, 1066년 노르만 정복(Norman Conquest)의 영향으로 중기 영어(Middle English, ME)로 발전했고, 16세기 이후 등장한 현대 영어(Modern English)는 오늘날의 영어와 비슷한 수준으로 발전했다.

한편, '인구어 조어' 계열의 '켈트어군(Celtic Language Group)'에 속하는 언어로는 아일랜드어(Irish, Gaelic), 스코틀랜드-게일어(Scottish-Gaelic), 웨일스어(Welsh), 콘월어(Cornish), 맨섬어(Manx), 브르타뉴어(Breton) 등이 있다. 북아일랜드에서는 아일랜드어를, 스코틀랜드에서는 스코틀랜드-게일어와 스코트어(Scots, 스코틀랜드-영어)를, 웨일스에서는 웨일스어를, 콘월(Cornwall)과 데번(Devon) 주(州)에서는 콘월어를, 맨섬에서는 맨섬어를 영어와 함께 공용어로 쓰고 있으나, 이들 소수 언어 사용자들은 그리 많지 않은 편이다.

이들 외에도 소수 민족들이 사용하는 언어로는 우르두어(Urdu), 힌디어(Hindi), 벵갈어(Bengali), 펀잡어(Punjabi), 구자라트어(Gujarati), 중국어(Chinese) 등이 있다.

제4장
종교

영국 국교회와 기타종교

영국의 종교는 군주(왕이나 여왕) 또는 정치와 밀접한 관련이 있다. 영국은 전통적으로 기독교가 지배적인 국가이며, 영국의 기독교 역사는 종교개혁 및 가톨릭과 신교의 갈등으로 특징지을 수 있다. 그러나 최근에는 종교적 관용으로 인해 다양한 종교들이 공존하고 있다.

영국과 아일랜드의 기독교 전파는 432년부터 아일랜드의 수호성인 성 패트릭(St. Patrick)에 의해 이루어졌다. 이후 성 골룸바(St. Columba, Colmcille)와 성 니니언(St. Ninian)을 위시한 패트릭의 추종자들은 기독교를 스코틀랜드, 웨일스, 북부 잉글랜드 등지로 전파했다. 한편, 로마의 그레고리 교황이 파견한 선교사 성 아우구스티누스(St. Augustinus)는 597년 캔터베리(Canterbury)에 본부를 세우고 본격적인 선교활동을 시작했다. 이후로 5세기 중엽에 영국을 침략한 앵글로색슨족은 기독교를 신봉했고, 이는 영국의 주 종교가 되었다. 6세기부터 본격적으로 전파된 영국의 기독교는 16세기 초 헨리 8세(Henry VIII)에 의해 종교개혁이 단행될 때까지 로마가톨릭이었다.

헨리 8세는 1534년 개인적·정치적 이유로 로마 교황청과 결별하고 '수장령(The Act of Supremacy)'을 선포한 뒤 '영국 국교회(The Church of England, The Anglican Church, 성공회)'를 세웠다. 영국 국교회는 로마가톨릭과 신교가 혼합된 중도적 성격의 종교이다. 즉, 교황의 권위를 부정하는 측면에서는 프로테스탄트(Protestant)적이지만, 계서적(階序的) 조직과 신앙의 형식적 측면에서는 로마가톨릭적인 특징이 있다.

영국 국교회는 오늘날까지도 영국에서 가장 많은 신자를 거느리고 있으며, 영국의 왕이나 여왕은 여전히 영국 국교회의 수장이다.

영국에서 법적으로 공인된 교회로는 영국 국교회와 스코틀랜드 국교회(The Church of Scotland, The Presbyterian Church, The Kirk, 장로교)가 있다. 스코틀랜드 국교회는 영국 국교회와 완전히 다른 종교이다. 스코틀랜드 국교회는 엄격한 신교의

한 형태로서, 프랑스의 종교개혁가였던 장 칼뱅(Jean Calvin)의 제자 존 녹스(John Knox)에 의해 처음으로 스코틀랜드에 설립되었다. 스코틀랜드 국교회는 영국 국교회와 상이한 조직과 체계를 갖추고 있으며, 주교가 없다. 또한 스코틀랜드에서 가장 큰 종파이며, 잉글랜드와 북아일랜드에도 많은 신자가 있다.

이처럼 영국의 기독교가 로마가톨릭에서 신교로 탈바꿈하긴 했지만, 영국 국교회의 중도적 성격은 무수한 종교적 갈등과 분열을 초래했다. 16세기와 17세기에 다수의 프로테스탄트는 영국 국교회가 로마와 거리를 두지 않는다고 주장하며, 영국 국교회의 교리(敎理)와 의식(儀式)을 거부했다. 일명 비국교도(Non-conformist, Dissenter, Free Church-goer, 국교반대자)로 불리는 교파 중 가장 큰 교파는 감리교(Methodism, Methodist Church)이다. 감리교는 1739년 존 웨슬리(John Wesley)에 의해 영국 국교회의 한 지파로 세워졌으며, 1795년 영국 국교회와 완전히 결별했다. 감리교는 의식 중심의 기존 국교회의 관행에서 벗어나 신과 인간의 직접적 관계의 신앙 및 개인과 사회의 도덕적 측면에 중점을 두고 있다. 감리교에 이어 청교도(Puritanism)의 한 분파로 생겨난 교회가 침례교(Baptist Church)이다. 오늘날 웨일스는 감리교파와 침례교파의 교세가 강한 지역이다.

북아일랜드는 원래 가톨릭이 주류를 형성했으나, 16세기와 17세기에 영국의 엘리자베스 1세(Elizabeth I)와 그녀의 뒤를 이은 제임스 1세(James I)의 주도로 행해진 식민정책(Plantation)의 영향으로 판도가 완전히 바뀌었다. 대부분이 스코틀랜드에서 건너온 신교(장로교) 정착민들로 인해 오늘날 북아일랜드의 종교는 신교 45%, 가톨릭 40%, 기타 15%로 구성되어 있다. 영국에서는 종교의 자유가 허용되고 있지만, 북아일랜드에서는 아직도 가톨릭과 신교 사이에 갈등이 존재하며, 종교가 정치와 결탁함으로써 매우 복잡한 양상을 띠고 있다.

기독교 외에도 영국에는 다문화 사회의 속성으로 인해 다양한 종파의 종교가 공존하고 있다. 종파별 비율은 신교 53.4%, 가톨릭 9.8%, 이슬람교 2.6%, 기타 기독교 1.7%, 그리스 정교회 1.0%, 힌두교 0.6%, 유대교 0.5%, 시크교 0.5%, 기타 혹은 무종교 29.9%로 되어 있다.

20세기 후반 이후 영국인의 교회 참석률은 꾸준히 감소하고 있다. 오늘날 영국에서는 소수의 사람들만 정기적으로 교회에 다니고 있으며, 대부분의 사람들은 주일을 원예나 취미생활 등을 하면서 가족과 함께 보내는 경향이 있다. 하지만 각종 종교단체들은 사회복지사업이나 자원봉사 등에 적극 참여하고 있다.

제5장
국민성

영국인의 특성

　영국은 여러 나라로 구성된 연합왕국이기 때문에 영국인의 특성을 꼬집어서 말하기엔 다소 무리가 있을지 모른다. 왜냐하면 우리가 영국인의 특성이라고 알고 있는 것은 어쩌면 영국인 전체에 해당되는 것이 아니라 잉글랜드인의 특성일 수가 있으며, 이 또한 오랜 세월을 거치면서 형성된 고정관념일지도 모르기 때문이다. 하지만 비록 피상적일지라도 한 나라의 국민성에 대한 이해는 그 나라를 제대로 파악하는 데 많은 도움이 될 것이다.

영국인은 과거에 집착하고 전통을 중시하는 경향이 있다.

영국인은 역사와 전통에 강한 애착을 갖고 있다. 아마도 지나간 날들이 현재보다 더욱 영광스러웠기 때문인지도 모른다. 그들은 새로운 것보다는 세월의 도전을 견뎌낸 것들을 중시한다. 따라서 '옛 것은 모두 좋은 것'이다. 과거와 전통을 중시하는 이러한 성향은 골동품에 대한 관심과 박물관의 발전과도 밀접한 관련이 있다. 영국인은 과거를 존중하기 때문에 그들의 전통은 오늘날까지도 온전히 유지되고 있다.

영국인은 보수적 성향이 강하다.

영국인은 변화와 극단을 싫어하고 온건과 중용을 좋아하는 경향이 있다. 혁명적이거나 급진적 변화는 감히 상상할 수도 없는 일이다. 특히 타협을 중시하는 그들의 성향은 의회민주주의를 꽃피우는 원동력으로 작용했다. 또한 상식을 제일로 생각하는 그들의 보수적 성향은 경험주의와 공리주의 철학을 발전시켰다.

영국인은 과묵하고, 감정을 쉽게 드러내지 않으며, 프라이버시를 중시하는 경향이 있다.

영국인은 침착하고, 좀처럼 화를 내지 않고 잘 참으며, 감정을 거의 표출하지 않기 때문에, 냉정하고 감정이 없는 것처럼 보이거나, 인생의 희로애락에 대해 무관심한 것처럼 보인다. 또한 영국인에게 '침묵은 금(Silence is gold.)'이며, '집은 성(城)(An Englishman's home is his castle.)'이다. 영국인은 사생활의 노출을 극도로 꺼리며, '너무 지나친 것'을 금기(禁忌)시하는 경향이 있다. 따라서 감정을 표현하되 너무 지나쳐서는 안 되며, 농담도 너무 노골적으로 해서는 안 된다. 인간관계에서도 아주 친숙한 사이가 아니면 개인의 사생활에 관한 질문이나 성(sex)에 대한 언급은 가급적 피하는 편이 좋다.

영국인은 우월의식이 강하고 남과 다른 것을 좋아한다.

영국인은 자기 민족이 지적, 인종적, 문화적으로 우월하다고 생각하는 자민족 우월의식을 가지고 있다. 즉, 자신들 외에 다른 사람들은 존재하지 않으며, 영국 외에 딴 세상은 없다고 생각한다. 또한 자신들이 세상에서 가장 우수한 민족이라는 우월의식 때문에 세계를 리드할 책임의식을 느낀다. 영국인은 자신들이 세계를 지배할 운명을 타고났기 때문에 세계에서 최고의 국가를 선택하라고 한다면 당연히 영국을 택할 것이다. 반면에 영국 사회가 다인종·다문화 사회임에도 불구하고 타민족에 대해서는 지나칠 정도의 '타민족 혐오증(xenophobia)'을 갖고 있다. 영국인은 지구상의 여타 민족들에게 한결같이 예의 바르고 정중하면서도 이들을 단호히 무시하는 경향이 있다. 이러한 타민족 혐오증은 예나 지금이나 상존하는 영국인의 특성이다. 각종 사회제도나 일상생활에서 남과 다른 것을 좋아하는 것도 개인주의와 자민족 우월의식에 뿌리를 두고 있다. 성문 헌법이 존재하지 않는 것, 왼쪽에서 운전하는 습관, 남과 다른 도량형(度量衡) 제도를 사용하는 것 등 모두는 그들 우월의식의 단적인 표현들이다.

영국인은 지성, 교육, 그리고 고급문화에 대한 거부감이 강하다.

영국인의 반지성주의(anti-intellectualism)는 영국적 특성이라기보다는 잉글랜드적 특성이라 할 수 있다. 왜냐하면 스코틀랜드인, 웨일스인, 북아일랜드인에게는 해당되지 않기 때문이다. 잉글랜드인은 엘리트의식이나 프로의식을 경멸하고, 아마추어리즘(amateurism)을 선호하는 경향이 있다. 따라서 교수를 비롯한 지식인 계층이나 지나치게 현학적인 태도 등은 환영을 받지 못한다. '영국인은 실용적인 민족이다(The English are a practical people.)'라는 말도 여기에서 비롯된 것이며, 이는 경험주의 철학의 태동 및 발전과도 궤를 같이한다.

영국인은 질서의식, 정의감, 공명심(公明心, public – spiritedness)이 강하다.

'모든 것에는 할 수 있는 시간과 장소가 있다(There is a time and a place for everything.)'라는 말은 영국인의 질서의식을 간명하게 표현해주는 말이다. 영국인은 그 어떤 민족보다 질서의식이 강하다. 세계적으로 유명한 그들의 줄서기(queueing) 문화나 유니폼에 대한 선호는 이와 관련이 있다. 한편, 정의감과 공명심은 영국에서 국제사면위원회(Amnesty International: 언론과 종교 탄압행위 등을 세계 여론에 고발하고 정치범의 구제를 위해 노력하는 세계 최고 권위의 인권기구), 아동구호기금(Save the Children), 옥스팜(Oxfam: 전 세계 빈민구호를 위해 활동하는 국제 NGO 단체), 구세군(Salvation Army) 등과 같은 수많은 자선단체가 생겨나고 자원봉사가 성행하는 원천이다.

영국인은 자연과 동물에 대한 사랑이 강하다.

영국인은 선천적으로 시골과 전원생활에 대한 동경을 갖고 있다. 이용 가능한 국토의 대부분이 주거지로 활용되고 있는 것도 이 때문이다. 영국인의 원예에 대한 관심과 애완동물에 대한 사랑도 따지고 보면 전원생활에 대한 욕구충족의 한 표현이라 할 수 있다.

제6장
영국의 정치

입헌 군주제

영국의 헌법(constitution)은 다른 나라의 헌법과 달리 하나의 문서로 된 성문헌법(成文憲法, written constitution)이 아니라 불문헌법(不文憲法, unwritten constitution)이다. 즉, 의회를 통과한 법령, 중요한 역사적 문서(1215년의 마그나 카르타[大憲章], 1628년의 권리청원[The Petition of Right], 1679년의 인신보호법 [Habeas Corpus], 1689년의 권리장전[The Bill of Rights] 등), 법원의 판례, 관습법 등으로 구성된다.

이와 같은 영국의 헌법에는 두 가지 원칙이 적용된다. 하나는 누구든 신분에 관계없이 법을 지켜야 한다는 '법의 지배(The Rule of Law) 원리'이고, 다른 하나는 의회는 어떠한 법률이라도 제정하고 폐지할 수 있으며, 그 누구도 의회가 행한 것을 위헌이라 할 수 없다는 '의회 우월주의(The Supremacy of Parliament)'이다. 그러므로 대부분의 민주국가에서 지켜지고 있는 삼권분립(입법부, 행정부, 사법부)의 원칙은 그저 명목에 불과할 뿐이다.

군주제

영국은 가장 오래된 정부 제도인 '입헌 군주제(The Constitutional Monarchy)'를 채택하고 있다. 이와 같은 전통은 웨섹스(Wessex) 왕국의 왕이었던 에그버트(Egbert)로부터 유래한다. 현재는 엘리자베스 2세(Elizabeth II) 여왕이 국가의 원수이다.

영국의 국왕(여왕)은 행정부와 사법부의 수장이자 입법부의 필수적 일원이며, 군의 최고 통수권자이다. 또한 신앙의 수호자(Fidei Defensor, Defender of the Faith, FD)로서 국교회의 우두머리이지만 오랜 시간이 흐르면서 절대 권력이 점차 축소되어, 오늘날 국왕은 '군림은 하되 통치는 하지 않는다(Monarchs reign but they do not rule.).' 한편, 국왕은 법령과 관례에 따라 가톨릭을 신봉할 수 없으며, 가톨릭을 믿는 사람과 결혼을 해서도 안 된다. 왕권의 승계는 장자 우선의 원칙에 따라 출생 순으로 정해지며, 왕자가 없을 경우에는 공주의 출생 순으로 정해진다.

영국의 국왕은 국가, 국민 통합, 연속성, 국가 자존심의 상징으로 헌법상 모든 권력을 갖고 있는 것처럼 보이지만, 실제로는 독단적으로 할 수 있는 권한이 거의 없으며, 의회의 지원을 통해서만 상징적으로 군림할 수 있다. 즉, 헌법상 군주일 뿐 권력은 거의 없고, 정치적 역할도 단지 의례적일 뿐이다.

하지만 영국의 정부는 국민의 정부가 아니라 국왕의 정부이며, 행정부나 입법부가 독재적 전횡에 빠질 위험이 있을 경우, 이를 막고 견제할 수 있는 권한이 있다.

행정부

총리(Prime Minister, PM)는 영국 행정부의 수장으로서 내각(Cabinet)을 이끌고, 장관들을 임명하며, 국왕(여왕)에게 정부의 업무를 보고한다. 총리는 하원에서 가장 많은 의석을 차지한 정당의 당수가 맡으며, 국왕이 형식적으로 임명한다. 총리 공관은 '다우닝가 10번지'에 위치하고 있어, '10번지'는 정치적으로 널리 알려진 장소이다.

총리는 국왕의 요청으로 자기 당 소속 위원 중에서 20여 명의 장관을 선출하여 내각을 구성한다. 내각을 구성하는 장관들은 정부 정책에 관해 한 목소리를 내야하고, 그러지 못할 경우에는 사임해야만 한다. 주요 야당은 향후 집권에 대비하여 '예비 내각(Shadow Cabinet, 그림자 내각)'을 구성하여 운영한다.

정부의 주요부서는 트래팔가 광장에서 국회의사당까지 이어지는 화이트홀 거리에 몰려 있다. 따라서 화이트홀은 영국 행정부를 지칭하는 대명사로 쓰이고 있다.

입법부

헨리 3세(Henry III) 때 처음 언급된 '의회(Parliament)'라는 명칭은 불어의 동사 '말하다(parler)'에서 유래했으며, 유력 인사들이 중요한 문제들을 논의하기 위해 가졌던 모임을 일컫는다(박우룡 73). 오늘날 영국의 의회는 최고의 입법기관으로 군주(The Sovereign), 상원(The House of Lords), 하원(The House of Commons)으로 구성되지만, 군주의 권한은 명목에 불과하고, 유권자의 투표에 의해 선출된 하원이 주도권을 갖는다.

하원은 각 선거구에서 5년마다 직접선거에 의해 선출되는 650명(잉글랜드 523명, 스코틀랜드 72명, 웨일스 38명, 북아일랜드 17명)의 의회 의원(Member of Parliament, MP)들로 구성된다. 현직 의원의 사망 또는 사퇴로 인한 유고 시에는 보궐선거(by-election)를 통해 다시 뽑는다.

하원의 주요 역할은 입법 활동, 각종 안건 심의, 위원회 활동 등이다. 의원들은 개별적으로도 법안을 발의할 수 있지만, 대부분의 법안은 정부에 의해 발의된다. 흔히 'Speaker'로 대변되는 하원의 의장은 토론의 주재 및 조정 등과 같은 의사진행 업무를 맡는다.

상원은 국교회 주교(26명), 세습 귀족(950명), 판사(11명), 종신 귀족(185명) 등 1,000여 명의 비 선출 의원으로 구성되며, 이들 중 250명 정도만 활발한 원내 활동을 하고 있다. 상원의 역할은 하원에서 제정된 법안을 심의하여 통과시키는 것과 최종 항소법원(Court of Appeal)으로서의 법적 기능 등이다.

국왕(여왕)의 역할은 하원과 상원을 통과한 법안을 최종적으로 재가하여 효력을 발하게 하는 것이다. 하지만 법안에 중대한 문제가 있으면 재가를 거부할 수 있다.

정당제도

선거제도로 인해 영국의 정당은 전통적으로 양당제로 운영되어 왔다. 토리당(The Tory Party)과 휘그당(The Whig Party), 보수당(The Conservative Party)과 자유당(The Liberal Party), 보수당과 노동당(The Labour Party) 등이 그것이다.

영국에서 가장 큰 정당은 보수당, 노동당, 자유민주당(The Liberal Democratic Party)이다. 1830년대 생긴 보수당은 1670년대 창당된 토리당으로부터 발전했으며, 늘 주요 정당 가운데 하나였다.

노동당은 노동자들의 권익을 보호하기 위해 1892년 키어 하디(Keir Hardie)에 의해 창당되었으며, 1924년 처음으로 다수당이 되어 총리를 낸 후 지금까지 가장 오랜 기간 집권하면서 영향력이 큰 정당이 되었다.

19세기 중엽에 생긴 자유당은 17세기 후반에 창당된 휘그당으로부터 발전했다. 스코틀랜드의 분리 독립을 위해 1934년 창당된 스코틀랜드 독립당(The Scottish National Party, SNP)은 2015년 5월 7일 치러진 총선에서 59개의 의석 중 56석을 차지함으로써 스코틀랜드 민족주의의 돌풍을 예고했다. 이들 외에도 환경보호와 원자력의 사용을 막기 위해 1973년에 창당된 녹색당(The Green Party)이 있으나 아직까지는 의석을 내지 못하고 있다.

자유민주당(The Liberal Democratic Party)은 1987년 9월부터 합당을 추진한 자유당과 사회민주당(The Social Democratic Party, SDP) 당원이 전체 투표를 거쳐 합당을 최종 결정하고 1988년 3월에 정식으로 출범한 정당으로, 오늘날 영국에서 세 번째로 큰 정당이다.

영국독립당(The UK Independence Party, UKIP)은 1993년 창당된 영국의 유럽회의주의(Euroscepticism: 유럽 통합에 반대하는 이념이나 사상) 우익 포퓰리즘 정당이다. 이 정당은 2014년 5월 유럽 의회 선거에서 27.5%의 득표율로 1위를 차지해, 108년 만에 노동당, 보수당, 자유당, 자유민주당이 아닌 정당이 전국단위 선거에서 1위를 차지했다.

최근 들어 영국의 전통적 양당제가 흔들리고 있다. 1950년대 영국 총선에서 보수당과 노동당의 득표율 합계는 90%대였다. 윈스턴 처칠(Winston Churchill)의 보수당과 클레멘트 애틀리(Clement Attlee)의 노동당이 맞붙은 1951년 총선에서 두 당을 선택하지 않은 유권자는 전체 투표자 중 3.2%에 불과했다. 명실상부한 양당제였던 셈이다. 하지만 보수당·노동당의 총선 합계 득표율이 1980년대에 70%로 떨어지더니, 2000년대 들어서는 60%까지 추락했다. 투표자 10명 가운데 3~4명은 두 정당이 아닌 다른 정당에 표를 던졌다.

이러한 작금의 현상은 영국의 양당제가 사실상 끝나가고 있다는 것을 반증한다.

사법부

영국의 사법제도를 일목요연하게 설명한다는 것은 결코 쉬운 일이 아니다. 우선 연합왕국 네 나라에 공통적으로 적용되는 사법제도가 없다. 잉글랜드와 웨일스는 비슷한 사법제도를 운영하는 한편, 스코틀랜드와 북아일랜드는 각기 다른 사법제도를 채택하고 있기 때문이다. 또한 별도의 형사 법전이나 민사 법전이 없으며, 법원의 판례와 관습법으로 이루어진 보통법(common law), 의회가 제정한 법령(statute law), 유럽 연합법(European Law) 등이 통용되고 있을 뿐이다. 법원의 조직도 1심 법원은 법률가가 아닌 지역 주민들이 담당하고 있으며, 상원이 대법원의 역할을 대신한다. 또한 변호사나 법관 임용 제도도 독특하다. 시민들 중에서 선발된 12명의 배심원으로 구성된 배심원 제도는 형사 재판과 상급 법원에만 적용된다. 전국적인 경찰제도가 없는 것도 특징이다 (박우룡 119).

선거

영국에서 투표할 수 있는 선거권은 점진적으로 확대되어 오늘날에는 18세 이상의 국민이면 누구든지 투표권이 있으며, 21세 이상이면 피선거권이 있다. 총선거는 5년마다 실시되지만, 총리의 재량에 의해 기간을 앞당길 수도 있다. 총선에서는 '비교다수 득표주의(first past the post system)'가 적용된다. 즉, 각 선거구에서 가장 많이 득표한 입후보자가 당선된다. 지역구별로 최다 득표자 한 사람만 당선되는 소선거구제를 채택하고 있기 때문이다. 하원 의원 650명 전원을 소선거구제로만 뽑는다. 이 제도는 주요 정당들에게 유리하게 작용하며 사표(死票)의 여지가 많기 때문에 오늘날 개선의 목소리가 높다. 또한 소수당의 의회 진입을 막는 한계가 있다.

영국이 소선거구제를 고수하는 이유는 군소 정당의 난립을 막고, 비례대표제로 다양성을 갖추는 것보다는 국정을 안정적으로 운영할 집권당, 즉 일하는 다수를 만들어내기에 더 적합하기 때문이다. 게다가 영국은 소선거구제를 최초로 도입한 나라라는 자부심도 강하기 때문에, 비례대표제의 도입은 앞으로도 쉽지 않아 보인다.

지방정부

국가의 주요 정책 결정은 의회가 책임을 지는 반면, 공공
서비스나 지역 문제의 해결은 지방정부가 떠맡는다. 영국은
'카운티(county)'라는 행정구역으로 나뉘며, 각 카운티에는
지방정부 청사(county town)가 있다. 지방정부는 교육, 도서관,
경찰, 소방, 도로건설 등을 비롯한 여타의 일들을 책임진다.

공무원

영국은 공무원 제도가 모범적으로 운영되고 있는 나라이
다. 공무원은 'civil servants'라 불리는데, 이는 '국민에게 군
림하지 않으며 봉사하는 사람'이란 의미가 강하다. 정권이
바뀌어도 자신의 자리를 위협받거나 교체되지 않기 때문에,
공무원은 늘 중립적 입장에서 정부의 정책을 일관되게 추진
할 수 있다.

제7장
영국의 교육

교육제도와 단계별 교육

　영국의 교육제도는 한국이나 미국처럼 단일학제가 아니라, 개인의 선택이나 지역적 특성에 따라 다소의 차이가 있다. 교육의 목표는 개인의 자율성과 창의성을 최대한 발휘하여 사회에 이바지하도록 하자는 것이다.

　영국의 초등교육과 중등교육 시스템은 잉글랜드, 웨일스, 스코틀랜드, 북아일랜드 사이에 약간의 차이가 있으며, 잉글랜드 지역 내에서도 지역에 따라 다소의 편차가 있다. 여기서는 잉글랜드를 중심으로 보편적인 내용만을 다룬다.

　잉글랜드의 교육을 관장하는 곳은 '교육기술부(The Department for Education and Skills)'이다. 지역적 차원의 공립학교 교육정책은 각 주(州)에 있는 지방교육청(Local Education Authority, LEA)이 관장하며, 재정은 정부와 지방의 세금으로 충당된다. 지방교육청은 각각의 실정에 따라 독립적인 교육정책을 운용할 수도 있지만, 1988년 '국가교육과정(National Curriculum)'이 도입된 이후 단계별 학업성취도 설정 등과 같은 중앙정부의 통제력이 점차 강화되고 있다.

영국의 초·중등 교육은 공립교육(state education)과 사립교육(private education)으로 나뉜다. 정부나 지방교육청의 재정지원을 받는 공립학교(state school)를 중심으로 이루어지는 교육이 공립교육이고, 독립학교(independent school)를 중심으로 이루어지는 교육이 사립교육이다. 사립학교(public school)는 공립학교와는 다른 이름으로 불린다.

종종 '프렙(Prep)'이라 불리는 사립예비학교(Preparatory School)는 13세까지의 아동들을 위한 곳이고, 독립학교 중에 기숙사 제도를 갖춘 학교로서 13세부터 18세까지의 학생들을 위한 학교를 퍼블릭 스쿨(Public School)이라고 한다. 사립 중·고등학교 격인 퍼블릭 스쿨은 상류층 자제들을 위한 대학 예비학교로서 등록금이 매우 비싸기 때문에, 전체 학생 중 약 8% 정도만이 이곳에 다닌다. 퍼블릭 스쿨은 학문적 성취보다는 인격형성과 공동체 의식의 함양을 주목적으로 한다. 영국에는 2,500여 개의 사립학교가 있는데, 지역, 시설,

학비 정도에 따라 매우 다양하게 운영된다. 유명한 퍼블릭 스쿨로는 이튼(Eton), 윈체스터(Winchester), 해로우(Harrow), 럭비(Rugby) 등을 꼽을 수가 있다.

영국의 학교 교육은 1년을 3개 학기로 나누어 운영하며, 학기마다 짧은 기간의 '학기 중 방학(half-term break)'이 있고, 크리스마스, 부활절, 그리고 여름 동안에는 비교적 긴 방학이 있다.

취학 전 교육(Pre-school Education, Nursery Education, 2년 과정, 3세~5세)

5세 미만의 어린이 교육은 의무적인 것은 아니지만, 영국의 학부모들은 공립으로 운영되는 유치원(State Nursery Schools), 초등학교에 부속된 취학 전 준비반(Nursery Classes Attached to Primary Schools), 교회 등과 같은 비영리기관에 의해 운영되는 놀이 학교(Playgroups in the Voluntary Sector), 개인이 운영하는 유치원(Privately Run Nurseries) 등에 2년 동안 자녀를 보낸다. 이것은 한국의 유치원과 같은 단계의 교육이다.

초등교육(Primary Education, 5~7년 과정, 5세~11세)

영국에서 의무교육은 5세부터 시작된다. 5세부터 11세까지의 초등교육은 5세에서 7세의 아동들이 다니는 유아학교(Infant Schools)와 8세에서 11세까지의 아동들이 다니는 주니어 스쿨(Junior Schools)에서 이루어진다. 어떤 지방교육청에서는 중등학교가 주니어 스쿨을 대신하여 9세부터 12세까지의 아동교육 시스템을 운영하기도 한다. 초등학교들은 대부분 남녀 공학이며, '국가교육과정'을 따른다. 사립 초등학교는 일반적으로 사립예비학교로 불리며, 학생들은 이곳에서 '사립 중등학교 입학시험(Common Entrance Examination)'을 준비한다.

중등교육(Secondary Education, 5년 과정, 11세~18세)

영국의 중등교육은 5년 과정으로 11세부터 18세까지 행해지며, 모든 아이에게 무상으로 제공된다. 중등교육은 초등교육보다 상위 수준의 교육으로 85% 정도의 아이들이 11세부터 종합중등학교(Comprehensive Schools)에 다닌다. 종합중등학교는 특정의 선발시험 없이 모든 학생을 받아들이며, 학문적 성격의 교과목을 위시한 다양한 교육을 한다. 수익자 부담 원칙으로 운영되는 사립중등학교는 선발고사를 통해 입학하는 8% 정도의 학생들을 위해 학교 고유의 육영철학에 따라 운영된다. 기타의 학생들은 '신(新) 중등학교(Secondary Modern Schools)' 등과 같은 다양한 종류의 학교에 다닌다.

16세가 되면 학생들은 대학 진학을 위한 'A-Level 시험' 준비를 목적으로 하는 'Sixth-form 과정'으로 진급할 것인지, 아니면 직업 중심의 교육을 받고 취직을 할 것인지를 결정한다. 17세는 12학년이지만 특별히 '6학년 하급반(Lower Sixth-form)'이라 지칭되며, 18세는 13학년이지만 '6학년 상급반(Upper Sixth-form)'으로 불린다. 16세 때 학교를 떠나기로 결심한 학생들은 취업준비를 위해 '에프이 칼리지(FE, Further Education College)'라 불리는 '전문대학'에 들어가서 실무 중심의 직업교육을 받는다.

학생들은 중등교육과정이 끝나가는 15세~16세경에 '중등교육수료자격시험(General Certificate of Secondary Education, GCSE)'을 치러야 한다. Sixth-form 과정에서 2년간 교육을 더 받은 학생들은 대학 진학을 위해 18세경에 'A-Level(Advanced Level) 시험'을 치거나 '인터내셔널 바칼로레아(International Baccalaureate, IB)' 같은 기타 시험을 친다.

'A-Level 시험'에는 A1과 A2 두 가지가 있는데, A1(Advanced Supplementary Level, AS-Level)은 A2(full A-Level)의 1/2 자격에 해당하며, 2개의 A1은 1개의 A2와 동등한 자격으로 인정된다. 대학 진학을 위해서는 A-Level 시험에서 2과목 이상을 통과하면 입학자격이 주어지지만, 옥스퍼드대학이나 케임브리지대학에 진학하기 위해서는 독자적인 선발고사를 치러야 한다.

고등교육

영국의 고등교육(Higher Education) 역시 잉글랜드, 웨일스, 스코틀랜드, 북아일랜드에서 각기 다른 시스템으로 운영되고 있으며, 잉글랜드 지역 내에서도 대학들 간에 다소의 편차를 보인다. 여기서는 잉글랜드를 중심으로 보편적인 요소들만을 다룬다.

18세 이후가 되면 영국 학생들은 자신이 원하는 대학에 진학하여 고등교육을 받는다. 대학에 입학하기 위해서는 학생 본인이 대학에 직접 지원하는 것이 아니라 '대학중앙입학사무소(The University Central Admission Service, UCAS)'를 통해 지원하는데, UCAS는 대학 입학을 결정하는 사정기관이 아니라 단지 학생과 대학 간의 중개자 역할만을 담당하는 기관이다. 대학 입학의 선결요건으로는 A-Level '일반교육자격시험(General Certificate of Education, GCE)'에서 각 대학이 지정한 두세 과목 이상의 성적이 우수해야 한다. 대부분의 대학은 별도의 입학시험이 없지만, 옥스퍼드와 케임브리지 대학만은 단과대학별로 필기시험을 치른다.

영국에는 고등교육을 제공하는 140여 개의 종합대학교와 단과대학들이 있다. 이들 중 유일한 사립대학인 버킹엄대학(University of Buckingham)을 제외하고는 모든 대학이 국가의 재정지원을 받고 있다. 하지만 정부의 간섭은 전혀 없으며, 모든 대학이 자율적인 학사운영·관리 시스템과 학위(학사, 석사, 박사) 수여 권한을 갖고 있다.

대학에서 일정 기간 수학하면 받게 되는 것이 학위(Degree)인데, 영국에서는 국왕의 허가(Royal Charter)를 받은 대학만이 학위를 수여할 수 있다. 학위 과정은 단계별로 학사 학위과정 3년, 석사 학위과정 1년, 박사 학위과정 3년이며, 학기(Term)는 통상 3학기제로 운영된다. 매 학기는 10주씩으로, 첫 학기는 10월부터 12월, 두 번째 학기는 1월부터 3월, 세 번째 학기는 4월부터 6월까지 운영된다.

대학 학부과정을 마치고 받는 학사 학위(Bachelor's Degree)에는 인문계 졸업생들이 받는 '문학사(B.A., Bachelor of Arts)'

와 이공계 학생들이 받는 '이학사(B.Sc., Bachelor of Science)'가 있으며, 대학이 아닌 2차 교육기관에서 받는 증서로는 '자격증(Certificate)'과 '수료증(Diploma)'이 있다. 학사 학위를 받은 뒤에 대학원(Graduate School)에 진학해서 소정의 과정을 마치고 받는 석사 학위에는 수업 석사(1년 과정)와 연구 석사(2년 과정)가 있으며, 수업 석사 학위는 인문계의 경우 'M.A.(Master of Arts)'로, 이공계는 'M.Sc.(Master of Science)'로, 연구 석사는 'Mphil(M.Phil, MPhil, Ph.M., Master of Philosophy)'로 구분하여 표기한다. 석사 학위를 받고 다시 소정의 과정을 거친 뒤 학위논문을 제출하면 최고 학위라 할 수 있는 박사 학위(Doctorate)를 받게 되며, 일반적으로 'Ph.D.(Doctor of Philosophy, 철학 박사)'로 지칭된다. 오늘날에는 박사 학위를 받은 이후에도 연구를 계속하기 위해 '박사 후 과정(Post-doctorate Course)'을 거치기도 한다.

영국에는 고등교육을 담당하는 다양한 종류의 대학들이 있다. '고대 대학교(Ancient Universities)'는 19세기 이전에 설립된 유서 깊은 전통적 의미의 대학들을 지칭하며, 옥스퍼드대학이나 케임브리지대학 등이 이에 속한다. 한편, '옥스브리지(Oxbridge)'는 Oxford와 Cambridge를 합친 명칭이다. '붉은 벽돌 대학(Red Brick Universities)'은 19세기에 산업화 수요에 대처하기 위해 주요 산업도시에 설립된 시립대학들(Civic Universities)의 별칭으로, 맨체스터대학(University of Manchester), 리버풀대학(University of Liverpool) 등이 이에 속한다. '캠퍼스 대학(Campus Universities)'은 도시 근교의 넓은 부지에 교육과 학생의 편의를 위해 다양한 시설을 갖춰 놓고 모든 사람에게 문호를 개방함으로써 대학의 대중화에 기여하는 대학으로, 이스트앵글리아대학(University of East Anglia), 워릭대학(University of Warwick) 등이 이에 속한다. '개방대학(Open Universities)'은 정상적으로 학교에 다닐 수 없는 사람들을 위해 원거리 교육(Distance Education) 차원에서 설립된 대학이며, '근대 대학교(Modern Universities)'는 기술인력과 전문직업인 양성을 위해 1960년대에 설립된 '폴리테크닉(Polytechnics)'이 승격된 대학(1992년에 41개 폴리테크닉이 University로 승격됨)이다.

제8장
영국의 문학

영문학의 특징

영문학은 두 개의 거대한 뿌리에 기초하고 있다. 이 두 뿌리는 영국 역사에 많은 영향을 끼친 두 차례 이민족의 침략에서 비롯된다. 첫 번째는 5세기 중엽 북유럽에 거주하던 앵글로색슨족(Anglo-Saxons)의 침략이고, 두 번째는 1066년 프랑스 서북부의 노르망디(Normandy)에 거주하던 노르만족(Normans)의 침략이다. 따라서 영문학은 앵글로색슨족에 의해 유입된 북유럽의 비기독교적 게르만 문화와 노르만족에 의해 유입된 유럽 중남부의 그리스·로마 문화, 그리고 6세기 말경에 기독교를 통해 들어온 헤브라이 문화(Hebraism)가 결합된 산물이라 할 수 있다(문희경 1).

앵글로색슨시대 영문학

(Anglo-Saxon Literature, 고대 영문학)

5세기 중엽부터 영국으로 건너와 정착한 앵글로색슨족은 이교도로서 북유럽의 신화나 전설 등을 구전문학(oral literature)의 형태로 갖고 있었다. 하지만 597년 이후 유럽의 기독교 문명에 합류하면서 구전문학이 고대 영어로 기록되기 시작했다.

고대 영문학은 영시가 주류를 이루는데, 이는 크게 세 가지 유형으로 분류할 수 있다. 우선, 기독교적 주제를 표방하는 종교시로는 『십자가의 꿈(*The Dream of the Rood*)』『캐드몬의 찬미가(*Caedmon's Hymn*)』 등이 있고, 둘째, 애가(哀歌, elegy) 형식으로 세속적 혹은 기독교적 삶의 지혜를 전달하는 시로는 『바다 나그네(The Seafarer)』 『방랑자(The Wanderer)』 등이 있다. 이들은 주로 잃어버린 영광과 행복, 고독과 방랑, 삶의 유한성 등을 '우비 순트 모티브(ubi sunt motif: 라틴어 *Ubi sunt qui aute nos fuerent?*에서 유래한 말로 영어로는 Where are those who were before us?라는 뜻임)'로 다루고 있으며, 우울하고 어두운 분위기가 특징이다. 마지막으로, 영웅 서사시로 분류되는 작품으로는 『몰던 전투(The Battle of Maldon)』 『베오울프(Beowulf)』 등이 있다(영미문학의 길잡이 1, 31).

　『베오울프』는 7세기 후반 혹은 8세기 초엽에 고대 영어로 기록된 앵글로색슨시대 영문학의 대표적 작품이다. 이 작품은 베오울프라는 영웅의 업적을 3,182행의 긴 설화시(narrative poem) 형태로 묘사한 앵글로색슨족의 영웅 서사시이자 민족 서사시(national epic)로, 앵글로색슨족의 문화, 전통, 민족성, 기질, 덕목 등을 보여주고 있다. 또한 『베오울프』는 앵글로색슨족의 방언인 고대 영어로 쓰여 있어서 고대 영시의 특징, 주제, 형식, 내용 등을 엿볼 수 있음은 물론, 고대 영어 연구의 귀중한 언어·문화적 자료가 되고 있다.

　한편, 고대 영시의 특징으로는 이교적 요소(pagan element)와 기독교적 요소(Christian element)의 혼용, 두운(頭韻, alliteration: the sad sight of the sea), 복합어로 된 비유적 표현(kenning, [sea: whale-road, human body: bone-house]), 동의어

(synonym, [king: giver of rings, giver of treasure])의 빈번한 사용 등

을 들 수 있다.

중세 영문학(Medieval English Literature)

　　중세 영문학은 1066년 노르만 정복 이후부터 르네상스시대(1500년) 사이에 중기 영어로 쓰인 작품들을 말하며, 중세 영문학의 특징으로는 로맨스 문학의 개화, 초서의 활약, 성서 번역, 인쇄술의 발달 등을 들 수 있다.

　　영국을 정복한 노르만들은 영국의 정치·경제·사회·문화 등 모든 면에 엄청난 변화를 가져와서 영국 문화를 새롭게 변모키고 발전시켰다. 이들 중 가장 큰 변화는 지배층의 언어가 영어에서 '앵글로-노르만어(Anglo-Norman: 노르만 정복 이후 영국에서 쓰였던 프랑스어로 프랑스 서북부 지역의 방언)'로 교체되어 궁정, 학교, 법정 등에서 상류층의 공식 언어로 자리

잡게 되었다는 사실이다. 그 결과 영어는 하층민과 비교육층의 언어로 전락하여 멸시를 받다가 14세기 후반에 들어서야 공식적 언어로서의 위상을 되찾게 되었다.

노르만 정복 이후 나타난 영어의 전락은 앵글로색슨시대 문학의 전통을 단절시켰다. 노르만 정복 이후 근 100년 동안 영국의 문학작품들은 대륙에서 유입된 문학적 취향과 형식에 따라 주로 프랑스어나 라틴어로 쓰였다. 따라서 중세 영문학은 앵글로색슨시대 문학의 암울한 분위기에서 탈피하여 더욱 밝고, 경쾌하고, 세련된 맛을 풍기게 되었으며, 주제면에서도 남성적 모티브인 전쟁, 투쟁, 복수 등에서 벗어나 쾌락, 사랑, 문화와 예절 등으로 바뀌게 되었다. 이처럼 중세 영문학은 대륙의 문학과 교류하면서 14세기에 지오프리 초서(Geoffrey Chaucer), 윌리엄 랭랜드(William Langland), 가웨인 시인(Gawain-poet) 등과 같은 훌륭한 작가들을 배출하고, 고도의 세련미와 깊이를 갖추면서 전성기를 맞이하였다(문희경 12-13).

중세 영문학의 대표적인 장르는 로맨스(romance)라 할 수 있다. 로맨스는 원래 11세기 무렵부터 프랑스에서 유행하던 이야기 문학으로, 귀족층의 이상인 '기사도(chivalry: 아서왕과 원탁의 기사들 이야기 등에 나타나는 덕목)', 귀부인에 대한 연모의 감정인 '궁정풍의 사랑(courtly love: 란슬롯[Lancelot]과 아서왕의 왕비 귀느비어[Guinevere]가 나눈 것과 같은 부류의 사랑),' 무용담, 모험담, 전쟁 등의 내용을 담은 이야기이다. 중세의 대표적 로맨스 작품으로는 가웨인 시인이 썼다고 알려진 『가웨인경과 녹색의 기사(*Sir Gawain and the Green Knight*)』와 토마스 말로리경(Sir Thomas Malory)의 『아서왕의 죽음(*Le Morte D'arthur, The Death of Arthur*)』 등이 있다.

중세에는 몽상(dream-vision)과 알레고리(allegory, 우화) 수법을 활용한 문학도 유행하였는데, 작자 미상의 『진주(*The Pearl*)』와 랭랜드의 『농부 피어스의 환상(*The Vision of Piers Plowman*)』 등이 이에 속한다. 또한 중세의 대표적 여성 작가이자 신비주의 작가였던 줄리언 오브 노리치(Julian of Norwich)와 마저리 켐프(Margery Kempe)도 이러한 부류의 작품을 썼다.

중세 후반에 들어 중기 영어의 발달과 정착 과정에 크게 기여한 것은 유럽 대륙으로부터 전파된 인쇄술이다. 윌리엄 캑스턴(William Caxton, 1422~1491)은 유럽에서 도입된 금속활자를 이용하여 세상을 떠나기 직전까지 100여 종이 넘는 책을 출판했다. 이처럼 새로운 인쇄술에 의한 책들이 출판되면서 문어(文語)로서의 영어가 서서히 표준화되기 시작했다.

한편, 옥스퍼드(Oxford)의 신학자였던 존 위클리프(John Wycliffe, 1320~1384)는 교황과 주교를 비롯한 성직자들의 타락과 부패에 환멸을 느낀 나머지, 성서의 권위와 복음을 중시하는 방향으로 영국 교회 개혁운동을 주도하면서 성경을 영어로 번역하였다. 그가 세상을 떠난 후 그의 추종자들이 일으킨 '롤러드 운동(Lollard: 중세 네덜란드어로 '중얼거리다'라는 뜻의 'lollen'에서 유래함)'은 교회의 권위를 대체하려한 일종의 대중적 이단 운동으로, 당대에는 많은 박해를 받았지만 종교 개혁 운동이 한창 일기 시작할 무렵에는 빛을 보게 되었다.

중세 영문학의 대표적인 작품은 '영시의 아버지(the father of English poetry)'로 불렸던 초서(1340~1400)가 쓴 『캔터베리 이야기(*The Canterbury Tales*)』이다. 르네상스의 물결이 한창이던 유럽 대륙을 자주 왕래하면서 갖게 된 폭넓은 안목과 당대 이탈리아 문학의 거장 페트라르카(Petrarch), 보카치오(Boccaccio), 단테(Dante) 등의 영향을 받은 초서는 일종의 '액자 구조(Frame Construction)' 또는 '휠 구조(Wheel Construction)'의 형태로 이야기를 전개했다. 순례(pilgrimage)와 이야기 놀이(story play)라는 2개의 서사적 구조로 짜인 이 작품은, 중세 사람들의 다양한 삶의 모습을 여러 가지 문학 형식으로 응축하여 담아낸 초서 시대의 인간 코미디(human comedy)라 할 수 있다. 특히, 초서는 프랑스어의 영향으로 영어의 위세가 약화되던 시기에 이스트 미들랜즈 방언(East Midlands Dialect)으로 작품을 써서 중기 영어의 확립에 지대한 공헌을 했다.

연극

중세 교회는 성서의 내용을 무지한 대중에게 전파하고, 교회가 원하는 바람직한 삶을 일깨우기 위해 연극을 효율적으로 이용했다. 중세 교회에 의해 공연된 대표적 연극 형식으로는 신비극(mystery play), 기적극(miracle play), 도덕극(morality play) 등이 있다(송원문 21).

신비극은 예수에 관한 이야기나 성서를 바탕으로 쓴 극으로, 천지 창조, 에덴동산과 인간의 타락, 노아의 홍수, 예수의 수난과 부활 등의 소재를 다루고 있다.

기적극은 성서 이야기 대신 성자(성현)들의 생애를 그린 작품이다. 비록 신비극이 성서 이야기를 다루고 있고 기적극은 그렇지 않지만, 이 두 가지 형태의 극은 매우 흡사하여 구별이 쉽지 않다. 또한 이 두 가지 형태의 작품은 당대에 수백 개가 공연되었지만 현존하는 것은 단지 소수에 불과하다.

도덕극은 인간의 내면에서 일어나는 선과 악의 투쟁이나 윤리·도덕적 요소를 우화(allegory)나 의인화(personification)를 통해 극적으로 보여줌으로써 기독교적 가르침이나 도덕적 교훈을 전달하고자 했다. 도덕극에서 등장인물들은 종종 여행을 떠나며, 여정(旅程)을 통해 도덕적 교훈을 배운다는 점에서 '여정극(station drama)'이라고도 한다.

중세의 도덕극 중에 가장 훌륭한 작품으로는 〈만인 (Everyman)〉이 있다. 〈만인〉은 인간의 삶에서 가장 가치 있는 인간적 행동과 삶의 방식이 과연 무엇인가 하는 점을 우화적 등장인물들(allegorical characters)을 통해 보여준다.

16세기(튜더왕조시대, 르네상스시대, 엘리자베스시대) 영문학

르네상스(Renaissance)는 프랑스어로 '재생(rebirth)'을 의미하는 말로, 선대(先代)의 문화를 재발견하고, 인간의 존재와 가능성에 대해 새로운 시야를 갖는다는 뜻이다. 즉, 중세의 인간은 신과 신성(神性)을 정점에 두는 신 중심의 우주관에서는 한낱 미물에 지나지 않았다. 그러나 르네상스 시대에 들어서면서 사람들은 점차 개인의 중요성을 인식하기 시작했으며, 인간을 무한한 가능성을 지닌 존재로 생각하였다.

르네상스의 중요한 특징으로는 우선, 찬란했던 그리스와 로마 문화의 재발견이다. 수 세기 이래 처음으로 지금까지 묻혀있던 고대 작가들의 문헌이나 작품 등의 발굴을 통해 고대 문화가 재발견되었다. 그러면서 철학·신학·문학·예술 등 다양한 분야에서 새로운 지적 운동인 '인문주의(Humanism)'가 확산되고, 인문주의자(Humanist)가 양산되었다.

둘째, 종교개혁(Reformation)은 중세 교회의 쇠퇴와 함께 사회의 세속화를 가속했는데, 이는 종교의 영향에서 벗어나는 것을 의미했다. 따라서 르네상스 사회가 사후(死後)의 천국을 의미하는 '내세(the next world)'보다는 '현세(this world)'의 삶에 더 많은 관심을 갖게 되자 가톨릭의 위세는 점차 위축되었다.

셋째, 과학기술과 항해술의 발전에 힘입은 지리상의 발견이다. 르네상스는 유럽이 신대륙으로 팽창해 나가면서 식민지 시대의 장(章)을 연 시대였다. 식민지 개척은 무역의 증진과 약탈을 통해 부의 원천이 되었을 뿐 아니라, 유럽인에게 타문화와 문명을 접할 기회를 제공함으로써 엄청난 사상적 변화를 초대했다. 점차 넓어지는 지리적, 사상적, 지적 지평선은 전례 없는 낙관주의를 낳으면서 인간의 가능성에 대한 신뢰, 지상에서의 삶에 대한 새로운 인식과 삶의 질을 향상하고자 하는 욕구를 불러일으켰다(문희경 47).

넷째, 지리상의 발견을 통해 지구에 대한 새로운 이해가 가능해지자, 우주에 대한 생각도 바뀌게 되었다. 즉, 지구가 우주의 중심이라는 중세적 우주관이 코페르니쿠스(N.

Copernicus), 케플러(J. Kepler), 갈릴레이(G. Galilei) 등의 과학자
들에 의해 도전받으면서, 초자연적 원리에 의해 천체가 운행
된다는 신화적 우주관이 이성에 근거한 물리학적 우주관으
로 대체되었다(영미문학의 길잡이 1, 75).

영국 르네상스기의 인간에 대한 관심과 인간중심의 새로
운 세계관은 그 이전에 결코 볼 수 없었던 새로운 내용과 형
식의 문학작품들을 양산시켰다. 르네상스기의 작가들은 그
리스와 로마시대의 문화와 문학에 관심을 가지면서 동시에
인간성 자체에도 애정을 갖고 세상과 인간이라는 주제를 문
학적 양식으로 풀어나갔다(송원문 31).

따라서 이 시기에는 프랜시스 베이컨(Francis Bacon,
1561~1626), 토머스 모어(Thomas More, 1478~1535), 필
립 시드니(Sir Philip Sidney, 1554~1586), 에드먼드 스펜서
(Edmund Spenser, 1552~1599), 크리스토퍼 말로우(Christopher
Marlowe, 1564~1593), 윌리엄 셰익스피어(William Shakespeare,
1564~1616), 벤 존슨(Ben Jonson, 1572~1637) 등 수많은 작가,
시인, 극작가들이 혜성처럼 등장해서 활약했다.

소네트(Sonnet)와 시 문학

16세기 영국 시가(詩歌)의 특징 중 하나는 소네트라고 하는 특이한 시 형식이 번창한 사실이다. 소네트는 영국에서 16세기부터 시인들이 계속 애용하였고, 심지어 20세기에 들어서도 썼지만, 16세기만큼 큰 성과를 거둔 적은 한 번도 없었다.

소네트는 와트(Thomas Wyatt, 1503~1542)와 서리(Henry Howard Surrey, 1517~1547)가 이탈리아의 소네트 작가 단테(Dante)나 페트라르카(Petrarch)를 모방하여 처음으로 영국에 이식했다. 그들은 페트라르카로부터 소네트의 시 형식뿐 아니라 기법까지도 도입해 침체한 16세기 영국 시단에 새로운 활력과 가능성을 제공했다.

소네트는 일정한 행수(行數)·운율(韻律) 구조·시연(詩聯)의 구분에 의한 주제의 전개방식을 가진 점에서 정형시 중에서도 가장 표본적이고 널리 알려진 시의 한 형식이다. 소네트의 이러한 정형성은 우리나라의 시조(時調)와 흡사해 자주 비교 된다. 우리나라의 시조도 행(行)마다 일정한 자수(字數)가 정해져 있어서, 정해진 장(章)의 구분에 의해 시상(詩想)이 전개된다.

본래 단테나 페트라르카가 쓴 소네토(sonetto)는 기악의 반주에 맞춰 노래로 부르던 18행으로 된 연가(戀歌)의 한 형식 이었으나, 와트와 서리가 영국으로 이식할 때 아엠빅 펜타미터(iambic pentameter: 약강오보격)의 14행으로 변형시켰으며, 이후 그런 형식으로 굳어져서 14행시(a 14-line poem)로 불리게 되었다.

영국의 소네트는 아엠빅 펜타미터의 14행이라고 하는 정형성 이외에도 일정한 행말(行末)의 음운(音韻) 구조(rhyme scheme)에 의해 다음 세 종류로 나뉜다. 하지만 압운법(押韻法)에는 다소의 변용이 허용된다.

① 이탈리아 소네트(Italian Sonnet or Petrarchan Sonnet): abba abba / cde cde

② 스펜서 소네트(Spenserian Sonnet): abab bcbc cdcd / ee

③ 영국 소네트(English Sonnet or Shakespearian Sonnet): abab cdcd efef / gg

16세기 영국의 소네트 작가들은 소네트를 한 편 혹은 몇 편씩의 개별적 작품으로 쓴 것이 아니라, 소위 소네트 사이클(Sonnet Cycle, Sonnet Sequence)이라고 하는 연작(連作) 소네트를 써서 불후의 작품을 남겼다. 말하자면 많은 연(聯)이 모여 한 편의 장시(長詩)를 이루는 것과 같은데, 다만 일반적인 장시(長詩)와 다른 점은 소네트 사이클에 속해 있는 각 편의 소네트는 그것만으로도 독자적인 시편을 이룬다는 점이다. 유명한 소네트 사이클로는 시드니 경(卿)의 『아스트로펠과 스텔라(*Astrophel and Stella*) (108편)』, 스펜서(Edmund Spenser)의 『아모레티(*Amoretti*) (88편)』, 셰익스피어의 『소네트집(*Sonnets*) (154편)』이 있다.

소네트의 전통은 단테가 베아트리체(Beatrice)에게, 그리고 페트라르카가 로라(Laura)에게 바치는 연애시(戀詩)의 전통을 수입한 것으로, 영국의 소네트는 연애시로 시작하여 연애시로 성공했다. 엘리자베스시대의 소네트 작가들은 애인의 환심을 사기 위해 미사여구(美辭麗句)를 총 동원하여 사랑의 괴로움과 고뇌를 미화(美化)한 글을 최상의 시라고 생각했다. 따라서 시의 화자(話者)는 종이 주인에게 은총을 바라듯, 하인(servant)이나 죄수(prisoner)를 자처하며, 교만하고 잔인한 귀부인(미인) 앞에서 무릎을 꿇고, 눈물을 흘리며, 은혜와 자애(慈愛)를 구한다. 이는 중세 이래로 오랫동안 전수된 유럽의 감정풍습으로 일명 '궁정풍의 사랑'이라고도 하는데, 이 풍습이 영국의 연애시에 그대로 도입된 것이다.

필립 시드니 경은 엘리자베스 시대의 대표적인 궁정인, 시인, 문학 비평가, 학자, 귀족, 무사, 외교관, 문학의 후원자였다. 다양한 능력과 재능을 갖춘 전인(全人, whole man)을 이상적 인간으로 여기던 르네상스 시대에 그는 이에 가장 잘 부합하는 인물이었다. 그의 소네트 사이클 『아스트로펠과 스텔라(*Astrophel and Stella*)』는 셰익스피어의 『소네트집』과 견줄만한 작품이며, 산문 로맨스 『아르카디아(*Arcadia*)』는 16세기 산문 중에 가장 뛰어난 작품으로 꼽힌다. 또한 『시를 위한 변론(*The Defence of Poesy, An Apology for Poetry*)』은 영문학 최초의 문학비평서다.

에드먼드 스펜서는 초서, 셰익스피어에 버금가는 최고의 시인일 뿐 아니라 르네상스 시대를 대표하는 시인이다. 그의 대표작 중 하나인 『목자의 달력(*The Shepheardes Calendar*)』은 12개의 목가시(牧歌詩, pastoral, eclogue)로 구성된 장시(長詩)로서 각 편은 각각 열두 달에 상응한다. 이 시는 당대의 상황을 잘 반영하는 주제와 함께 이에 어울리는 다양한 문체와 운율을 사용하고 있어 스펜서 시의 실험적 특성을 잘 보여주고 있으며, 영시에서 목가시(전원시)의 형식을 유행시키는 계기가 되었다(문희경 57-64).

『선녀여왕(*The Faerie Queen*)』은 스펜서 최대 걸작으로 중세의 로맨스적 요소와 고대의 서사시적 요소들이 융합된 '로맨스적 서사시(romantic epic)'의 장르에 속한다. 스펜서는 이 작품에서 이탈리아와 프랑스 등지에서 자국어로 행해지던 여러 가지 문학적 실험들, 인문주의 운동을 통해 발굴된 그

리스·로마 문학적 요소, 청교도적 이상주의, 신플라톤주의
(neo-Platonism), 중세로부터 이어져온 전통 등을 한데 녹여
르네상스 시대의 영광을 완벽하게 표현하였다(영미문학의 길
잡이 1, 116).

한마디로, 스펜서는 고대·중세·근대를 종합하고, 인문
주의·기독교 신앙·애국심을 결합하여 유럽의 전통적 문
학 형식을 실험했을 뿐 아니라, 영국 특유의 시 전통을 확립
함으로써 이후 밀턴(John Milton, 1608~1674), 키츠(John Keats,
1795~1821), 테니슨(Alfred Lord Tennyson, 1809~1892) 등과 같
은 후대의 시인들에게 지대한 영향을 미쳤다.

산문과 극 문학

헨리 8세의 치하에서 대법관(Lord Chancellor)을 지내다가
영국의 종교개혁을 반대했다는 이유로 처형당한 토머스 모
어는, 르네상스 시대의 대표적 인문주의자였던 에라스무스
(Erasmus, 1466~1536)의 영향을 받은 대학자이자 자신의 신앙
을 위해 목숨을 바친 순교자로서, 1516년 그의 대작 『유토피
아(Utopia: 'utopia'는 'no place' or 'nowhere' in the physical world라는
뜻)』를 썼다.

이 작품은 '인간을 행복하게 하는 진정한 공공성과 정의란 무엇인가?'에 대한 깊은 고뇌의 산물이자, 부조리한 현실을 고발하고 새로운 희망을 담은 공상소설(空想小說, fantasy)로서 당대는 물론, 후대의 많은 정치가와 사회주의 사상가들에게 큰 영향을 미쳤다. 그리고 이때부터, 어디에도 없지만 누구나 꿈꾸는 나라 유토피아는 모든 이들의 이상향(理想鄕) 즉, 희망의 상징으로 자리매김했다.

크리스토퍼 말로우는 대학출신의 재사들(The University Wits) 가운데 가장 유명한 극작가로, 탁월한 극작술, 무운시(無韻詩)로 된 극시(dramatic poetry)의 개척, 새로운 유형의 등장인물 창조 등으로 동시대의 셰익스피어에게 큰 영향을 끼쳤다.

그의 대표작 〈파우스트 박사의 비극적 인생(The Tragical History of Doctor Faustus)〉은 괴테(Goethe)의 〈파우스트(Faust)〉와 같이 독일 고대의 전통에서 소재를 취해, 무한한 호기심과 지식욕을 만족시키기 위해 24년 동안 악마에게 영혼을 파는 학자의 비극을 극화한 작품이다. 이 극은 지식욕에 불타는 인간의 정열과 의지력에 대한 긍정, 영혼을 희생시키면서 까지도 새로운 것을 알기 위해 집념하는 르네상스적 인간의 모습을 보여주었다는 점에서 큰 의의가 있다.

윌리엄 셰익스피어는 말로우, 스펜서, 시드니, 벤 존슨 등 수많은 거장이 활약하던 영문학의 전성기인 르네상스 시대에 홀로 우뚝 선 영문학의 대문호이다. 그는 평생을 배우이자 극작가로 활동하면서 37편의 희곡과 한 권의 『소네트집』을 남겼다. 칼 마르크스(Karl Marx)는 셰익스피어를 일컬어 "인류의 가장 위대한 천재 가운데 한 사람"이라고 극찬했으며, 영국인들은 "셰익스피어를 식민지 인도와도 바꿀 수 없다"고 할 정도로 중요시했다. 그는 희극(comedy), 비극(tragedy), 사극(historical play), 문제극(problem play), 로맨스(romance) 등 다양한 종류의 희곡 장르에 손을 대면서 탁월한 걸작들을 남겼고, 햄릿(Hamlet), 오셀로(Othello), 맥베스(Macbeth), 팔스타프(Falstaff) 등 다양한 유형의 개성적 인물들을 창조했다. 이러한 다양성은 셰익스피어의 상상력과 재능이 천부적으로 무궁무진했으며, 인간과 삶에 대한 통찰력 또한 그 폭과 깊이에 있어서 타의 추종을 불허했고, 시적 언어의 풍요로움도 전무후무(前無後無)했다는 점을 입증한다. 그런 연유로 그가 창조한 극중 인물들은 400여 년이 지난 오늘날까지도 연령, 성별, 직업, 신분과 관계없이 살아 있는 인물들로 여전히 숨 쉬고 있다(문희경 83).

극작가이자, 문학 비평가요, 시인이었던 벤 존슨은 신고전주의의 원칙을 옹호한 영국 최초의 작가 중 한 사람이다. 셰익스피어가 고전극의 '3 일치의 법칙(3 unities: unity of action, unity of time, unity of place)'을 타파한 데 반해, 존슨은 오히려 그리스·로마 고전극을 장려하고, 이성과 교양의 중요성을 주장하며, '3 일치의 법칙'에 충실한 작품들을 썼다. 그는 한두 편의 비극 작품에도 손을 댔지만, 그의 진가는 역시 희극에서 발견된다.

벤 존슨은 그의 대표작 〈각인각색(Every Man in His Humour)〉이나 〈볼포네(Volpone)〉 등에서 볼 수 있듯이, '기질 희극(Comedy of Humours)'이라는 새로운 장르를 창안한 선구자로 널리 알려져 있다. 기질 이론은 인체가 네 가지 체액(피는 쾌활한 성격, 점액은 냉담한 성격, 담즙은 화를 잘 내는 성격, 흑담은 우울한 성격)으로 이루어져 있다는 고대와 중세의 생리학 이론에 바탕을 둔 것으로, 기질 희극의 주요 등장인물들은 모두 한 가지 기질 또는 체액이 과다한 사람들이다. 따라서 이들은 특정한 강박관념에 사로잡히거나 혹은 성격상의 문제로 균형 잡힌 인간이 되지 못하고 늘 우스꽝스러운 행동을 일삼는 풍자의 대상들이다. 존슨은 이러한 인물들을 철두철미하게 풍자 및 공격하며 인간의 우둔함을 신랄하게 꼬집었다. 이렇듯 그의 작품은 언제나 뚜렷한 목적하에 쓰였기 때문에 일명 '교정(矯正) 희극(corrective comedy)'이라고도 불리며, 교훈적 경향이 강한 것이 특징이다.

17세기 영문학

내란(The Civil War, 1642~1651)의 결과로 올리버 크롬웰(Oliver Cromwell)이 세운 공화정(The Republic, The Commonwealth)이 그의 죽음과 함께 끝나고, 프랑스에서 망명 중이던 찰스 2세(Charles II)가 왕위에 오른(왕정복고, Restoration) 1660년부터 존 드라이든(John Dryden, 1631~1700)이 죽은 1700년까지를 흔히 '왕정복고시대(The Age of Restoration)' 또는 '드라이든의 시대(The Age of Dryden)'라 부른다. 이 시기는 영국인의 관심과 활동이 대외 문제보다는 주로 정치와 종교 등 국내 문제로 치중되던 혼돈과 불안, 변혁과 도덕적 자각(청교도 운동)의 시대였다. 따라서 이 시대의 문학은 전 시대의 낙관적 분위기 대신 암울함과 비관적 슬픔, 엄숙과 진지함 등으로 대변된다.

시 문학

17세기에는 엘리자베스 시대의 시인들과는 전혀 다른 부류의 시를 쓰는 이른바 '형이상학파 시인들(Metaphysical Poets: John Donne, George Herbert, Henry Vaughan, Richard Crashaw, Andrew Marvell)'이 등장하여, 기발한 비유(conceit), 아이러니(irony), 역설(paradox), 잡다한 시어(詩語), 극적 수법 등을 동원해서 지적, 논리적, 분석적, 구어체적, 산문적 경향의 독특한 시를 썼기 때문에, 이들이 쓴 시는 이후 '형이상학파 시(Metaphysical Poetry: 18세기에 새뮤얼 존슨이 비난의 의미로 처음 붙인 명칭)'로 불렸다. 그러다가 20세기 들어 그리어슨(Herbert J. C. Grierson) 교수가 편집한 『17세기 형이상학파 시와 기타 시편들(Metaphysical Lyrics and Poems of the Seventeenth Century), 1921』의 출판과 엘리엇(T. S. Eliot, 1888~1965)에 의한 새로운 조명 등으로 재평가 되었다.

이들과는 대조적으로, 로버트 헤릭(Robert Herrick, 1591~1674) 등과 같은 '왕당파 시인들(Cavalier Poets)'은 내란의 여파로 '현재를 즐기자(Carpe Diem: Enjoy the Present.)'는 주제의 시들을 썼고, 크롬웰의 외국어 담당 비서관이자 독실한 청교도였던 존 밀턴(John Milton, 1608~1674)은 삼부작『실낙원(*Paradise Lost*)』『복낙원(*Paradise Regained*)』『투사 삼손(*Samson Agonistes*) 』을 비롯한 기타의 시들을 썼다.

1667년 출판된 『실낙원』은 밀턴 스스로가 "인간에 대한 신의 섭리를 정당화하기 위해(to justify the ways of God to men)" 쓴 것이라고 밝히고 있듯이, 신의 섭리를 온전히 이해하고 그 의미를 되찾고자 하는 인간적 노력의 결실이다. 고전주의와 기독교적 사상이 적절히 가미된 이 작품은 거대한 주제, 방대한 구조, 장엄한 언어, 그리고 사상의 폭과 깊이에 있어 서구 문학사에 길이 빛나는 위대한 서사시(epic)라 할 수 있다(문희경 141).

산문과 극 문학

존 드라이든은 산문, 시, 희곡, 비평 등 다양한 분야에서 우수한 작품을 남겨 당대에 문학계의 거장으로 불렸다. 그의 작품에는 동시대의 정치적, 종교적, 철학적, 예술적 문제들이 반영되어 있다. 그는 내면의 목소리에만 귀를 기울이고 개인적 경험이나 다루는 주관적 작가가 아니라, 공공의 문제를 공적(公的)으로 다루었던 시사적(時事的) 작가였다. 따라서 그의 작품들은 동시대 및 사회적 사건들과 밀접한 관련이 있으며, 그가 보여준 세련되고, 장중하고, 위엄 있고, 음악적인 '영웅시풍(heroic couplet, closed couplet)'의 스타일과 풍자정신은 후일 알렉산더 포우프(Alexander Pope, 1668~1744)에게 많은 영향을 미쳤다.

존 번연(John Bunyan, 1628~1688)은 자신의 독실한 종교적 신앙을 작품으로 승화시킨 작가이다. 그가 옥중에서 집필한 『천로역정(The Pilgrim's Progress)』은 우화적 인물들을 등장시켜, 구원의 길을 떠나는 영혼의 여정을 다룬 일종의 알레고리로서 그의 기독교적 인생관을 다루고 있다.

대니얼 디포(Daniel Defoe, 1660~1731)는 새로 형성된 독자층을 의식하고, 그들의 기호에 걸맞은 이야기를 쓴 작가이다. 그는 당대의 정치적·경제적·사회적 현상들을 세밀하고 구체적으로 묘사함으로써 리얼리즘(realism, 사실주의)을 갈구하던 독자들의 관심을 끌어내는데 성공했을 뿐 아니라, 그가 구사했던 사실주의 수법은 근대 소설의 형성에도 지대한 영향을 미쳤다. 그의 대표작 『로빈슨 크루소(Robinson Crusoe)』는 무인도에 난파해서 28년 동안 생존하다 구출된 한 영국 선원의 이야기이다. 이 작품은 성서를 제외하고 전 세계에서 가장 많이 읽힌 아동문학의 고전으로, 낯설고 신기한 세상을 동경하는 전 세계 어린이들의 모험심과 상상력을 자극해 왔다.

풍자문학가로 알려진 조나단 스위프트(Jonathan Swift, 1667~1745)는 산문 분야에서 특출난 재질을 보여준 작가이다. 그는 영국인 부모에 의해 더블린(Dublin)에서 태어나 트리니티대학(Trinity College Dublin, TCD)을 다녔으며, 영국과 아일랜드를 오가며 작품 활동을 했다. 그는 영국의 식민정책으로 인해 착취당하는 비참한 아일랜드의 현실을 목격하고, 일련의 글을 통해 이를 고발하고자 했다. 그는 아일랜드를 위해 투쟁함으로써 애국자로 추앙받았지만, 앵글로-아이리시로서 늘 정체성의 혼란을 겪었다. 따라서 스위프트는 영국과 아일랜드 사이에서 그리고 희망과 절망 사이에서 분열된 자신의 삶처럼, 작품에서도 서로 통합되지 않는 다중의 의미를 통해 총체성(wholeness)을 추구했던 작가이다(영미문학의 길잡이 1, 194).

그의 대표작 『걸리버 여행기(Gulliver's Travels)』는 모험담으로서의 설화적 매력과 신랄한 인간비평 때문에 영문학사에서 하나의 걸작으로 평가된다. 스위프트는 이 작품에서 당대의 인물과 사건들을 소재로 환상적 이야기를 창조함으로써, 시대와 장소를 초월하여 인간성에 깊은 비평을 가하고, 궁극적으로는 인간성의 선과 악의 면면을 탐구하여 독자들에게 보여주고자 했다.

왕정복고기의 영국 연극은 기억될 만한 극작가들을 별로 길러내지 못했다. 연극이 더 이상 예술이나 사회 교화의 수단이 아니라 귀족과 서민들의 오락거리로 전락했기 때문이다. 따라서 이 시기에 주종을 이루었던 연극은 비범한 행동을 수행하는 등장인물들을 다룬 영웅비극(heroic tragedy)이라기 보다는 소극(farce), 모반희극(comedy of intrigue), 악습희극(comedy of evil manners), 풍습희극(comedy of manners) 등이었다.

프랑스의 극작가 몰리에르(Moliere, Jean Baptiste Poquelin, 1622~1673)의 영향을 받은 풍습희극은, 극중 인물이나 사건에 역점을 두기보다는 상류층의 유행, 결점, 쑥덕공론, 간통, 성적 탈선 등에 초점을 맞춰 당대의 사회적 관습과 규범에 일침을 가하고, 상류층의 위선, 인정, 풍속 등을 풍자하는 희극이다. 이러한 희극의 대표적 작가로는 조지 에더리지(Sir, George Etherege, 1635~1691), 윌리엄 콩그리브(William Congreve, 1670~1729), 윌리엄 위철리(William Wycherley, 1640~1716) 등이 있다.

18세기 영문학

'이성의 시대(The Age of Reason)' '상식의 시대(The Age of Common Sense)'로 통용되던 18세기는 존 로크(John Locke, 1632~1704)의 자연법사상, 뉴턴(Isaac Newton, 1641~1727)의 기계론적 우주관, 데이비드 흄(David Hume, 1711~1776)의 인식론(認識論), 루소(Jean Jacques Rousseau, 1712~1778)의 사회계약론, 토머스 페인(Thomas Paine, 1737~1809)의 상식론 등에 영향을 받아 이성의 힘과 인간의 무한한 진보를 믿고, 현존 질서의 타파로 사회개혁을 꿈꾸던 합리주의와 계몽주의 사상이 흥행하던 시기였다. 이러한 사상은 문학에도 영향을 미쳐 그리스와 로마시대의 작가, 고전(古典) 작품, 전통과 법칙, 내용과 형식의 일치, 조화와 질서, 균형과 절제, 우아함과 품위, 간결성, 완성도, 정확성, 기교, 적정(適正, decorum) 등을 중시하는 신고전주의(neo-Classicism) 문예 사조를 등장시켰다. 신고전주의는 존 드라이든의 죽음으로부터 낭만주의(Romanticism)의 태동에 이르기까지 거의 1세기 동안 지속되었다.

시 문학

알렉산더 포우프(Alexander Pope, 1668~1744)는 18세기 신고전주의 시를 대표하는 시인이다. 포우프는 존 드라이든의 영웅시풍을 추종하여 시어(詩語)의 규칙성과 절제미를 중시하는 '영웅시체 2행연구(二行聯句, heroic couplet, closed couplet: 시행의 끝을 같은 운(韻)으로 압운한(각운[脚韻], end rhyme) 약강 5보격[iambic pentameter] 2행)'로 된 시를 썼다.

True wit is Nature to advantage dressed,
What oft was thought, but ne'er so well expressed:

참된 기지(진리의 표현)는 잘 표현된 자연이다.

흔히 통용되는 생각이지만, 제대로 표현된 적이 없는.

『비평론(*An Essay on Criticism*)』

포우프는 뛰어난 기교, 정밀성, 번뜩이는 기지(機智), 세련된 운율, 다양하고 조화로운 언어구사 능력 등을 바탕으로, 그리스·로마시대 대시인들의 고전 시학과 미적 기준에 따라 완벽성을 집요하게 추구했기 때문에, 19세기 낭만주의 시인들로부터 그의 시가 자연스럽지 못하고 너무 인위적이라는 비난을 받아왔다. 하지만 포우프는 18세기를 대표하는 시인으로 여전히 우뚝 서 있다(문희경 167). 그의 대표작으로는 『머리타래의 강탈(*The Rape of the Lock*)』 『비평론(*An Essay on Criticism*)』 『인간론(*An Essay on Man*)』 등이 있다.

18세기로부터 낭만주의로 들어서기 이전에 나타난 감성적이고 낭만적 경향의 문예 사조를 일명 '전(前)-낭만주의(pre-Romanticism)'라 부른다. 이러한 특징은 '초기 낭만주의자들(pre-Romantics)'로 일컬어지는 윌리엄 콜린스(William Collins, 1721~1759), 에드워드 영(Edward Young, 1683~1765), 토머스 그레이(Thomas Gray, 1716~1771), 로버트 번스(Robert Burns, 1759~1796), 윌리엄 블레이크(William Blake, 1757~1827) 등의 시에서 주로 나타난다. 이들 중 일부는 일명 '분묘파 시인들(Graveyard School, Graveyard Poets)'이라 불리기도 하는

데, 그 이유는 이들이 밤과 죽음에 관한 명상적 시를 즐겨 썼기 때문이다. 또한 이들의 시에서는 자연에 대한 애정, 침울하면서도 사색적인 분위기, 명상에 잠긴 고독한 시인의 모습 등 낭만주의를 예고하는 여러 특징들이 나타난다(문희경 231).

다음은 토머스 그레이의 「시골 교회묘지에서 쓰인 애가(An Elegy Written in a Country Churchyard)」의 일부분이다.

The curfew tolls the knell of parting day,
The lowing herd wind slowly o'er the lea,
The plowman homeward plods his weary way,
And leaves the world to darkness and to me.

만종(晚鐘)은 사라져가는 날의 조종(弔鐘)을 울리고,
낮은 소리로 우는 소 떼는 풀밭 위를 천천히 지나간다.
농부는 지친 발걸음으로 터벅터벅 집을 향하고,
온 세상에는 오직 어둠과 나 뿐이다.

로버트 번스는 스코틀랜드 민중들의 소박한 삶과 정서, 자연에 대한 애정, 생활경험에서 우러나오는 시정(詩情) 등을 스코틀랜드 방언(dialect)을 사용해서 솔직하고 생기 있게 표현했기 때문에 오늘날까지도 스코틀랜드의 국민 시인으로 추앙받고 있다.

윌리엄 블레이크는 새롭고 독특한 문학 세계를 구축하여 낭만주의자들의 선구자적 역할을 한 천재 시인이자 신비주의자였다. 그는 어떤 도그마(dogma)나 자의식에 구애됨이 없이 영적(靈的)인 것만이 본질적인 실재(實在)라고 믿었으며, 상상력(imagination)과 직관(intuition)이야말로 실재에 이르는 유일한 매개체라 여겼다. 그의 시는 미묘한 상징에 의해 독특한 기교로 표현되고, 그의 사상은 직관력에 의해 절대의 세계로 비약하여 인간의 표현과 사고력의 극단에까지 도달했다. 따라서 그는 낭만주의 시의 새로운 시경(詩境)을 개척한 특출난 시인이라 할 수 있다. 그의 작품으로는 『순수의 노래(Songs of Innocence)』『경험의 노래(Songs of Experience)』『천국과 지옥의 결혼(The Marriage of Heaven and Hell)』 등이 있다.

소설 문학

18세기는 중산층의 소득 증가와 교육의 확대로 인한 독자층(Reading Public)의 형성, 인쇄술 및 출판문화의 발달과 정기 간행물의 영향, 직업 작가의 등장 등으로 소설이라는 문학

장르가 태생하여 확고하게 자리 잡은 시기이다. 특히 18세기 후반에는 감성(sensibility)을 긍정하고 찬양하는 감상주의(sentimentalism)의 영향으로 '감상소설(Sentimental Novel, Novel of Sensibility)'을 비롯하여, 천한 신분의 악한(惡漢)을 주인공으로 내세워 궁핍, 범죄, 부패 등이 만연한 사회상을 그리는 '피카레스크 소설(Picaresque Novel, 악한소설, 건달소설)'이 유행했고, 18세기 말엽에는 꿈의 세계, 비합리적인 세계, 상상의 세계에 관심을 두고 공포심과 신비감을 자극하는 '고딕소설(Gothic Novel)'이 높은 인기를 누렸다(문희경 195-229).

이 시대에 활약한 소설가로는 『파멜라(Pamela)』를 쓴 새뮤얼 리처드슨(Samuel Richardson, 1689~1761), 『조셉 앤드루스(Joseph Andrews)』와 『톰 존스(Tom Jones)』를 쓴 헨리 필딩(Henry Fielding, 1707~1754), 『로드릭 랜덤(Roderick Random)』을 쓴 토비아스 스몰렛(Tobias Smollett, 1721~1771), 제임스 조이스(James Joyce, 1882~1941) 등과 같은 모더니스트(Modernist) 작가들에게 지대한 영향을 끼친 '의식의 흐름(Stream of Consciousness)'의 수법을 최초로 개척한 『트리스트럼 섄디(Tristram Shandy)』의 저자 로렌스 스턴(Laurence Sterne, 1713~1768), 최초의 고딕소설로 불리는 『오트란토성(The Castle of Otranto)』을 쓴 호레이스 월폴(Horace Walpole, 1717~1797) 등이 있다.

극 문학

18세기 영국 연극은 '감상희극(Sentimental Comedy)'으로 압축된다. 중산층의 부상과 함께 풍자성이 강했던 풍습희극 시대가 감상희극 시대로 바뀐 것이다. 감상희극은 해피엔딩으로 구성된 희극(comedy)이지만, 그 과정에 주인공의 불행이 있고, 그 불행에 대해 관객들의 동정을 불러일으키는 이야기 구조로 되어 있다. 감상희극에서는 셰익스피어의 연극처럼 철학적인 질문도 없고, 풍습희극처럼 사회적 문제점을 지적하고 조롱하는 문제의식도 찾아보기 힘들다. 단지 감성적인 눈물샘을 자극하여 동정과 감상적 몰입만을 유도할 뿐궁극적으로는 희극적 해피엔딩으로 끝을 맺음으로써 관객들이 지적·감성적 부담 없이 연극을 가볍게 즐기도록 한다. 리처드 스틸(Richard Steel, 1672~1729)은 18세기 초엽을 대표하는 감상희극 작가로, 대표작으로는 〈지각 있는 연인들(The Conscious Lovers)〉 등이 있다.

18세기 초엽에 풍미했던 감상희극은 오랫동안 관객들의 사랑을 받기에는 그 내용이 너무나 작위적이었고 깊이가 없었다. 따라서 자연스럽게 18세기 중·후반부터는 희극의 전통적 형식에 충실을 기함으로써 풍자와 해학이 만들어 내는 웃음이 가득한 본연의 희극을 만들고자 하는 '반감상주의 연극(anti-Sentimental Play)' 풍조가 생겨났다. 이러한 움직임을 대표했던 작가로는 올리버 골드스미스(Oliver Goldsmith, 1730~1774)와 리처드 셰리든(Richard Sheridan, 1751~1816)이 있는데, 특히 셰리든은 풍습희극의 대가였던 윌리엄 콩그리브(William Congreve, 1670~1729)를 잇는 희극작가로 평가받고 있다. 대표작으로는 〈스캔들 학교(The School of Scandal)〉 등이 있다(송원문 83-84).

19세기 낭만주의와 빅토리아시대 영문학

　'초기 낭만주의자들'에 의해 거의 반세기 동안 이어져 온 시는 1798년 워즈워스(William Wordsworth, 1770~1850)와 코리지(Samuel Taylor Coleridge, 1772~1834)의 합작품 『서정민요 시집(*The Lyrical Ballads*)』의 출판과 함께 낭만주의 시문학이 화려하게 개화하기 시작했다.

　낭만주의 시문학의 특징은 이성에 대한 반항, 보편보다는 개성, 규칙보다는 자유, 형식보다는 내용, 세련된 것보다는 신기한 것에 대한 추구, 자연에서의 영감, 감각과 감성, 직관과 상상력의 중시 등이다. 또한 초자연적 정서(supernaturalism), 중세취미(medievalism), 이국정취(exoticism), 경이감(sense of wonder), 반항정신(spirit of revolt) 등도 낭만주의 시문학의 중요한 요소들이다. 낭만주의 시문학은 19세기 후반 빅토리아 시대에 이르러 더욱 원숙해졌으며, 세기말에는 다소 퇴색하였다.

주요 낭만주의 시인들로는 자연을 예찬하고 범신론(Pantheism)을 신봉한 윌리엄 워즈워스, 초자연적(supernaturalistic) 신비성을 추구한 코리지, 자유와 반항정신을 기치로 내건 바이런(Lord George Gordon Byron, 1788~1824), 이상사회(ideal society)를 열망한 셸리(Percy Bysshe Shelley, 1792~1882), 미(美)의 세계에 천착한 키츠(John Keats, 1795~1821) 등이 있다.

빅토리아 시대는 월터 스콧(Sir Walter Scott, 1771~1832)이 별세한 1832년부터 알프레드 테니슨(Alfred Lord Tennyson, 1809~1892)이 작고(作故)한 1892년까지 60여 년에 걸치는 기간이며, '빅토리아 시대(The Victorian Age)'로 불리는 이유는 빅토리아 여왕(Queen Victoria)이 1837년부터 1901년까지 재위했기 때문이다.

이 시기는 영국의 국운이 절정에 달하고 해가 지지 않는 제국의 권위가 전 세계에 미쳤던 영국 역사상 전무후무한 약진과 도약의 시기였다. 이 시대 영국 사회의 특징으로는 과학의 발달과 산업 혁명의 성숙에서 오는 산업화·도시화·

집중화 현상, 제국주의의 팽창, 민주주의 제도와 사상의 발전, 민권의 신장, 물질 만능주의와 실용주의 사상, 낙관주의, 속물근성(snobbery), 신앙의 퇴조에서 오는 불안·회의(懷疑)·갈등·번민 등을 들 수 있다. 또한 이 시기는 낡은 것과 새것이 조화를 이룬 시대였으며, 종교와 과학, 자유와 절제, 전통과 진보가 낭만주의 시대와 같이 허황되지 않고 온건과 중용의 길을 걷던 시대였고, 현실에 입각하여 미래에 대한 희망과 낙관을 견지했던 시대였다. 이 시대의 문학은 이러한 모든 현상을 가감 없이 담아냈지만, 세기말에는 유미주의(唯美主義)와 관능미(官能美)만을 추구하는 퇴폐주의(Decadence)로 다소 변질되었다.

시 문학

테니슨은 빅토리아 시대를 대표하는 시인이다. 그는 워즈워스의 시 전통을 보다 원숙하게 만든 계관시인(poet laureate)으로 빅토리아 시대라는 과도기적 시대를 증언한 시인이다. 그에게는 과거에 대한 눈물어린 집착이 있는가 하면, 미래에 대한 희망이 있고, 신의 존재와 영혼의 불멸에 대한 호소가 있다. 그는 과거를 예찬하고 전통적인 전원 취미에 심취한 시인이면서도 새로이 전개되는 물질문명의 경이와 위력을 찬탄할 수밖에 없었던 전형적인 빅토리아 시대의 시인이었다.

로버트 브라우닝(Robert Browning, 1812~1889)은 여러 가지 면에서 테니슨과 대조적인 시인이다. 테니슨이 낭만주의 자연 시인의 체질을 이어받아 과거를 동경하고 이별을 서러워하며 전원의 자연풍경을 예찬한 다분히 감상적이고 허약한 기질의 시인이었던 반면, 브라우닝은 낙천적이고 정열적인 시인이다. 또한 브라우닝은 스펜서, 밀턴, 키츠 등을 잇는 전통적 시어(詩語, poetic diction)에서 벗어나 존 단이 구사했던 구어체(口語體) 스타일을 더욱 발전시켰고, '극적 독백(dramatic monologue)'이라는 수법을 활용하여 시의 새로운 표현 양식을 확립했다. 브라우닝의 이러한 표현 양식은 시에서 자신의 감정을 직접 토로하는 워즈워스 부류의 시학에서 벗어나 자신의 감정을 객관적으로 관찰·분석·조정한다는 점에서 T. S. 엘리엇을 비롯한 현대 시인들에게 많은 영향을 미쳤다.

매슈 아널드(Matthew Arnold, 1822~1888)는 '빅토리아니즘(Victorianism: 뻐기는 태도, 잘난 체하기, 피상적 낙관론, 무사 안일주의, 공리주의, 위선적 도덕주의 등을 뜻하는 부정적 용어)'과 과감하게 대결했던 한 시대의 교사이자 비평가였다. 그는 자기가 살고 있는 산업시대를 세속화 시대, 병든 사회(sick society)로 진단하고, 이러한 사회에서 치유자(healer)로서 해야 할 역할을 자임했다는 점에서 1930년대의 오든(W. H. Auden, 1907~1973)과 견줄만한 시인이다. 그는 병든 사회와 병든 인간을 치유하는 하나의 방식으로 교양(culture)의 필요성을 역설했고, 문학의 목적을 '인생비평(criticism of life)'이라고 주창했다. 그의 평론집 『교양과 무질서(Culture and Anarchy)』는 이러한 그의 생각과 철학의 결정체이다.

소설 문학

빅토리아 시대의 문학은 특히 소설 문학에서 눈부신 성취를 보인다. 이 시대의 소설은 당대에 일어난 정치적, 경제적, 사회적, 문화적 변화의 기록이자, 그에 대한 반응이라 할 수 있다. 즉, 산업과 민주주의의 발전은 소설가들로 하여금 사회적, 인도주의적 문제에 관심을 갖도록 했고, 과학의 발달은 사실주의적, 해부적 수법으로 눈을 돌리게 했다.

월터 스콧(Walter Scott, 1771~1832)은 19세기 스코틀랜드 계몽운동(Scottish Enlightenment)을 주도한 사람 중 하나로, 당대에 유행했던 고딕 소설이나 낭만주의적 문학 경향으로부터 벗어나 역사소설을 세상에 최초로 선보였다. 그리하여 스콧 이후부터 역사적 배경과 가상 인물이 결합된 재미있고 역사적 사실이 풍부한 소설이 등장했다. 그는 작품에서 자신의 본명 대신 '웨이벌리(Waverley)'라는 필명을 사용했기 때문에, 그의 소설은 일명 '웨이벌리 소설(The Waverley Novels)'로 불린다. 그의 대표작으로는 『웨이벌리(*Waverley*)』와 『아이반호(*Ivanhoe*)』가 있다.

디킨스(Charles Dickens, 1812~1870)는 19세기 영문학사에서 가장 뛰어난 리얼리스트로서, 당대의 사회적 음영(陰影)과 상류층 및 자본가 계급의 위선적이고, 탐욕스럽고, 추한 면을 사실주의적 필치로 여과 없이 폭로하는 한편, 가난하고 힘없는 빈민층의 비참한 생활상을 세밀하게 묘사했다. 『올리버 트위스트(*Oliver Twist*)』는 디킨스가 어린 시절에 겪었던 하층민의 비참한 삶과 중산층의 부도덕한 탐욕을 다루고 있으며, 『데이비드 코퍼필드(*David Copperfield*)』는 어린 시절에 디킨스의 눈에 비친 어른들의 세계를 묘사한 걸작이다.

브론테 자매들(Brontë Sisters: Charlotte Brontë, Emily Brontë, Anne Brontë)은 목사의 딸로 태어나, 황무지로 둘러싸인 목사관에서 단조롭고 고독한 삶을 살면서, 그들의 공상과 상상의 세계를 소설로 승화시켜 불후의 명작들을 남겼다. 샬롯 브론테(1816~1855)의 『제인 에어(*Jane Eyre*)』는 고아 제인(Jane)이

외삼촌 내외로부터는 학대를, 자선학교에서는 비참한 생활을 겪으면서, 사랑을 통해 자아를 실현해가는 과정을 여성적 입장에서 그린 소설이다. 에밀리 브론테(1818~1848)의 『폭풍의 언덕(Wuthering Heights)』은 설화적 요소와 고딕적(gothic) 요소가 가미된 리얼리즘 소설로, 내용과 기교면에서 한편의 서정시 같은 아름다움을 보여주는 소설이다.

제인 오스틴(Jane Austen, 1775~1817)은 중산층의 가정생활을 소재로 일상에서 일어나는 소소한 일들을 여성의 관점에서 정교하고 세밀하게 그려냄으로써 영국 소설에서 사실주의(Realism)를 확립시킨 사람이다. 대표작으로는 『분별과 감성(Sense and Sensibility)』 『오만과 편견(Pride and Prejudice)』 등이 있다.

조지 엘리엇(George Eliot, 1819~1880)은 평범하고 소박한 시골 사람들과 그들의 삶을 유머와 연민을 가지고 묘사한 점에서 오스틴과 유사한 면이 있다. 그러나 평온한 삶의 이면에 도사리고 있는 욕정, 갈등, 불행 등에 천착하여 등장인물의 행위와 심리를 분석하고 비평하는 점에서는 남성적 담론에 특출난 재질을 보여준 작가로 평가된다. 대표작으로는 『애덤 비드(Adam Bede)』 『플로스 강의 물방앗간(Mill on the Floss)』 『싸일러스 마너(Silas Marner)』 『미들마치(Middlemarch)』 등이 있다.

토머스 하디(Thomas Hardy, 1840~1928)는 인간의 운명이 성격과 환경에 의해 결정된다는 자연주의(Naturalism)적 수법으로 인간의 삶과 운명을 비관적 태도로 다루었기 때문에 일명 비관론적 운명주의 작가로 불린다. 하디는 우주에는 맹목적 '내재 의지(Immanent Will)'가 있어서 인간은 의지, 이상, 순결, 선의를 가지고 있음에도 불구하고 이 힘에 부딪히게 되면 여지없이 불행한 비극을 맞이한다고 여겼다. 그는 오랜 창작 활동을 통해 많은 양의 시와 소설을 남겼지만, 모든 작품의 밑바닥에 흐르는 주제는 바로 이 힘을 보여주고자 했던 것에 다름아니다. 따라서 그의 작품에서는 빅토리아시대적인 낙관주의나 기독교 신앙의 위안 등은 전혀 찾아볼 수가 없고 암울과 절망만이 존재할 뿐이다. 대표작으로는 『귀향(The Return of the Native)』『더버빌 가(家)의 테스(Tess of the D'Urbervilles)』『무명의 주드(Jude the Obscure)』 등이 있다.

극 문학

19세기 영국의 연극은 내노라 하는 명배우들은 배출했지만, 유럽 각국의 신진 극작가들과 어깨를 견줄만한 극작가들은 길러내지 못했다. 따라서 이 시기에는 많은 아일랜드 출신의 극작가들이 영국으로 자리를 옮겼으며, 영국인들은 와일드(Oscar Wilde, 1854~1900)와 버나드 쇼(George Bernard Shaw, 1856~1950)에게 1890년대 영국 연극을 대표하는 극작가라는 자랑스러운 이름을 부여했다. 영국의 문학 전통에 새로운 지평을 여는 중대한 공헌을 했기 때문이다.

세기말에 '예술을 위한 예술(art for art's sake)'을 기치로 내걸고 유미주의를 주창한 오스카 와일드는 왕정복고기의 희극 형식을 살려 경쾌하고 기지가 넘치는 '기지(機智) 희극(Comedy of Wit)'을 썼다. 그는 자신의 극에서 독특한 풍자와 기지에 찬 대사를 구사하면서, 유형적(類型的) 인물들을 등장시켜 당대 상류층의 허영과 무지, 그리고 권태를 통렬히 비꼬았다. 그의 역설적이고 경구(警句)로 가득찬 대사는 당대는 물론 오늘날의 독자에게도 여전히 즐거움을 준다. 대표작으로는 〈윈더미어 부인의 부채(Lady Windermere's Fan)〉 〈중요하지 않은 여자(A Woman of No Importance)〉 〈이상적인 남편(An Ideal Husband)〉 〈진지함의 중요성(The Importance of Being Earnest)〉 〈살로메(Salome)〉 등이 있다.

기독교 사회에서의 자유사상가, 자본주의 체제에 대항하는 사회주의자, 1890년대 감상극 일변도의 영국 극단에서 입센풍의 사실주의 문제 극작가, 그리고 여권 신장을 주창한 남성 페미니스트 작가였던 조지 버나드 쇼는 칼 마르크스

(1818~1883)의 영향을 받아 당대의 사회 문제에 관심을 갖고, 문제의 해결을 위한 대책을 제시하는 데도 인색하지 않았다. 그는 사실주의 연극, 특히 노르웨이의 극작가 입센(Henrik Ibsen, 1828~1906)의 작품을 옹호했으며, 당대의 진부한 상업극을 비난했다. 그는 사회와 정치 개혁에 관한 자신의 견해와 사상을 전달하기 위해 극작품을 썼다. 사회개혁 사상을 보급하는 데에는 웃음을 수단으로 하는 편이 보다 유리하다고 여겨, 그는 이른바 '사상 희극(思想喜劇, Comedy of Idea)'이라는 새로운 극 분야를 개척했다.

즉, 쇼는 기존의 사상적 토대 위에 과학적 사고와 사회주의 이론을 결합시켜 자신의 사상 체계를 정립했다. 그는 쇼펜하우어로부터는 의지와 표상을, 베르그송에게는 창조적 생명력을, 다윈과 버틀러에게는 생물학적 진화론을, 마르크스에게는 유물론에 입각한 사회주의 경제 이론을, 니체에게는 초인관을 흡수했으며, 프로이트의 심리학과 헤겔의 변증법도 자신의 사고 체계 속으로 끌어들여 창조적 진화사상을 정립했다(아일랜드 드라마연구회 226).

또한 기존의 극 형식을 타파하고 도입부, 상황 설정, 토론이라는 세 단계로 극작술을 구사했다. 대표작으로는 〈인간과 초인(Man and Superman)〉〈바바라 소령(Major Barbara)〉〈세인트 존(Saint Joan)〉 등이 있다.

20~21세기 영문학

1901년 빅토리아 여왕의 서거와 함께 시작된 20세기에 영국은 전대미문(前代未聞)의 정신적·문화적·사회적·사상적 혼란을 겪었다.

19세기 후반 『종의 기원(*On the Origin of Species*), 1859』의 출판에 의해 촉발된 찰스 다윈(Charles Darwin, 1809~1882)의 진화론과 결정론은 신의 존재에 대한 종교적 믿음을 송두리째 흔들어 놓았으며, 변증법적 유물론에 기초한 칼 마르크스의 마르크스주의(Marxism)는 서구의 정치·경제·사회·사상 전반에 대변혁을 초래했다. 이러한 현대인의 혼란과 불안은 급기야 계급투쟁의 양상과 전체주의적 민족주의로 치달으면서 국가 간의 무자비한 전쟁을 유발하게 되었다(이근섭 335).

5년에 걸친 제1차 세계대전(1914~1918)과 1939년에 발발한 제2차 세계대전(1939~1945)은 단순히 전쟁의 차원을 넘어 서구의 정신문화에 엄청난 충격과 상처를 남겼을 뿐 아니라 기존의 사회질서 및 가치 체계에 환멸을 느끼게 했다. 따라서 '불안의 시대(The Age of Anxiety)'로 특징지워지는 20세기의 혼란스러운 시대상황은 인간의 존재의미에 대한 회의, 인간성과 도덕의 문제, 허무주의(Nihilism), 사회제도의 부조리 등과 같은 다양한 주제로 당대의 문학(전쟁 문학)에 고스란히 반영되었다(송원문 85).

이 시기에 활약한 전쟁 문학 작가로는 하우스만(A. E. Housman, 1859~1936), 에드워드 토마스(Edward Thomas, 1878~1917), 시그프리드 서순(Sigfried Sassoon, 1886~1967), 루퍼트 브루크(Rupert Brooke, 1887~1915), 아이버 거니(Ivor Gurney, 1890~1937), 아이작 로젠버그(Issac Rosenberg, 1890~1918), 윌프레드 오웬(Wilfred Owen, 1893~1918) 등이 있다.

시 문학

서구의 지성사에서 1910년대는 큰 변혁의 조짐이 두드러

지게 감지된 시대였다. 시에 있어서도 새로운 움직임이 있었는데, 이러한 움직임은 흄(T. E. Hulme, 1883~1917), 파운드(Ezra Pound, 1885~1972), 엘리엇(T. S. Eliot, 1888~1965) 등이 주도한 낭만주의 시에 대한 반동으로부터 시작되었다.

현대 영시의 직접적인 배경철학이 된 것은 흄의 『사색록(Speculations)』에 수록된 에세이들이다. 흄은 현대를 '앤티 휴머니즘(anti-Humanism)'의 시대라고 진단하는데, 앤티 휴머니즘이란 글자 그대로 인간에 대한 불신이고, 인간적 가치의 부정이며, 인간 중심적 사고방식을 송두리째 뒤엎는 것을 의미한다. 또한 그것은 새로운 우주관에 의한 인간관의 재조정이고, 인간과 인간관계, 인간과 사회관계, 인간과 자연관계의 재인식을 의미한다. 흄은 르네상스 이후 종교적 절대가치를 대체한 인간 중심적 가치관이 현대에 와서 무너지고, 반인본주의적(anti-humanistic) 사조가 예술 전반에서 감지되는 것을 "고전시대의 부활"이라고 언급하면서, 새로운 시는 "시각적·구체적 언어"로 쓰는 "고담한(dry, hard) 고전시"가 되어야 한다고 했으며, 엘리엇도 시와 인간관계의 차단을 요구하며 '탈개성 시론(The Impersonal Theory of Poetry)'을 주창하였다.

이처럼 신시(新詩) 운동의 기수들은 낭만주의자들의 모호함과 안이한 감정주의를 배격하고 단단하고 명료하며 정확한 이미지와 자유로운 운율의 사용을 주창하였다. 모더니즘(Modernism) 시학은 이러한 이미지즘(Imagism)을 흡수하고, 17세기 형이상학파 시인들과 프랑스 상징주의자들(Symbolists)의 다양한 시론과 기법들을 받아들이면서 완성되었다.

제럴드 맨리 홉킨스(Gerald Manley Hopkins, 1844~1889)는 빅토리아 시대에 태어나서 활동했지만, 그의 시집은 20세기 초에 출판되어 주목을 받았기 때문에 20세기 시인들 그룹에 포함되어 논의된다. 홉킨스는 훌륭한 종교 시인이자 자연 시인이고, 시의 희귀한 개혁가이자 독특한 예술적 인격자였다. 그는 말의 음악성과 이미지의 정확성을 위해 끊임없이 독창적 실험을 했으며, '스프렁 리듬(sprung rhythm: 정형시의 기본 틀을 변형한 리듬으로 음절의 수가 아닌 순전히 강세에만 의존하는 리듬)'이라는 독특한 리듬을 창안했다.

예이츠(William Butler Yeats, 1865~1939)는 1865년 6월 13일 더블린 근교에 있는 샌디마운트(Sandymount)에서 5남매 중 장남으로 태어났다. 기독교 집안에서 태어났으나 평생을 '사적 종교(private religion)'의 사유 체계에 탐닉했던 예이츠는 대부분의 유년 시절을 그의 '마음의 고향' 슬라이고(Sligo)에서 보냈다.

예이츠는 자기 어머니가 이 세상에서 가장 아름다운 곳으로 생각한 슬라이고에서 가까운 친척들과 이웃들로부터 귀신과 요정에 관한 이야기와 신화 및 전설 등을 들으면서 성장했다. 따라서 그는 자연스럽게 조상의 과거와 아일랜드의 역사 및 문화유산에 접하게 되었으며, 이것이 곧바로 그의 시적 상상력의 원천과 시의 배경이 되었다. 예이츠가 나중에 "참으로 내 생애에 깊은 영향을 미친 곳은 슬라이고이다"라고 술회하고 있듯이, 그의 많은 시에는 「이니스프리 호수 섬(The Lake Isle of Innisfree)」을 비롯하여 「불밴 산기슭에서(Under Ben Bulben)」에 이르기까지 슬라이고 지방의 호수와 산과 풍물에 대한 추억과 향수가 짙게 배어 있다. 참으로 슬라이고는 그의 시 창작에 원초적 영향을 미친 곳이다.

또한 예이츠의 삶에는 수많은 여성들이 등장하여 그의 삶뿐만 아니라 작품 세계에도 크나큰 영향을 미쳤다. 예이츠에게 여성은 늘 시의 중요한 모티프(motif)이자 영감의 원천이었다. 예이츠는 수많은 여성들과 때로는 친구로, 때로는 연인으로, 그리고 때로는 협력자로 지내면서 시 창작의 폭과 깊이를 더해갔다. 이들 중 30여 년 동안 예이츠와 회한(悔恨)의 사랑을 나누고, 수많은 연애시를 탄생하게 만든 모드 곤(Maud Gonne, 1866~1953)이라는 여인이 있다. 실로 모드 곤이 그의 삶과 문학에 미친 영향은 지대하며, 그녀의 이미지 또한 예이츠의 시에서 다양한 모습으로 등장하고 있다. "당신은 나와 결혼하면 아름다운 시를 쓸 수 없을 거예요"라는 모드 곤의 충고대로 그가 끝내 그녀와 결혼은 하지 못했지만, 모드 곤은 늘 그에게 뮤즈(Muse)로 살며시 다가와서 그의 사색과 시 세계에 폭과 깊이를 더해주었다.

예이츠의 시는 후기에 이르러 주지적 경향과 철학적 깊이를 더해 가면서 보다 원숙해졌다. 예이츠의 후기 시 중에 문학사의 고전이 될 만한 훌륭한 시편이 많은 까닭은 그가 초기의 낭만적 자세에서 벗어나 인간과 사회와 역사를 보는 철학이 견실해졌기 때문이다. 예이츠는 자신의 경험을 시의 소재로 삼는 시인이었지만 그의 시가 위대한 것은, 개인의 경험을 자신의 작품 속에 용해하여 인류 보편의 정서로 승화시켰기 때문이다.

한마디로, 예이츠는 이성(理性) 만능의 합리주의와 물질주의의 거센 파도에 직면하여, 켈트족(Celts)의 위대한 정신적·문화적 유산의 거대한 지하수와 교통(交通)하고 합류할 수 있는 시학(詩學)을 정립하여 유럽 정신문명의 바이블이 될 새로운 『바가바드 기타(Bhagavad-Gita)』를 쓰고자 했다. 이는 아일랜드가 유럽의 인도로 거듭나서 유럽 정신문명의 저류로서 주도적 역할을 해줄 것을 염원하는 그의 문학적 이상의 표현이었다. 그의 대표적 시집으로는 『갈대밭의 바람(The Wind among the Reeds)』『탑(The Tower)』『최후의 시편들(Last Poems)』 등이 있다.

에즈라 파운드는 중국의 한시(漢詩), 일본의 하이쿠, 단가 (短歌), 고대 그리스와 프로방스(Provence) 지방 음유시인들의 서정시의 기법, 문체, 형식 등을 수용하여 이미지즘 시학을 정립하고 그 운동의 확산에 앞장섰다.

파운드에게 이미지(image)란 지적, 정서적 복합체를 의미하는데, 엘리엇이 주장하는 '통합된 감수성(Unified Sensibility)'이 바로 그것이다. 따라서 파운드는 사물을 직접 다룰 것, 표현에 도움이 되지 않는 장식적인 말은 피할 것, 자연스럽고 음악적인 리듬을 사용할 것, 상투적인 표현이나 인습적 관행을 떨쳐버릴 것 등을 주장하면서 '이미지스트 (Imagist) 운동'을 전개했다.

또한 파운드는 시인이자 당시 런던 문단의 좌장으로서 다수의 후배 문인들(엘리엇, 예이츠, 조이스 등)을 후원하고 이끌어 주었다. 간단히 말해, 파운드는 20세기 영시 개혁의 선도적 역할을 담당했을 뿐 아니라 동서양 문학의 융합까지도 시도했던 20세기 최고의 시인들 중 한 사람이다. 대표작으로는 『캔토스(The Cantos)』『피산 캔토스(The Pisan Cantos)』 등이 있다(김양수 420-421).

T. S. 엘리엇은 현대 영시에서 사고와 감수성에 새로운 지평을 연 독보적 시인이자 비평가이다. 그러므로 영시의 현대성을 생각할 때마다 늘 그의 이름이 맨 먼저 떠오를 정도

로 그의 시는 현대적이다. 그의 문학에 중요한 영향을 미친 것들로는 파운드의 문학적 충고, 프랑스의 상징주의 시인들(보들레르[Charles Pierre Baudelaire], 발레리[Paul Valéry], 라포르그[Jules Laforgue]), 단테, 16세기 영국의 극작가들, 17세기 영국의 형이상학파 시인들, 브래들리(F. H. Bradley) 철학, 고전 철학, 인도 철학, 불교, 성 오거스틴(St. Augustine), 십자가 성 요한(St. John of the Cross), 브라우닝의 극적 독백, 흠정판 영어 성경(*Authorized Version of the Bible*) 등 이루 다 헤아릴 수가 없다. 이러한 모든 것들이 현대적 상황과 어우러져 새로운 시학과 언어로 그의 시가 만들어진 것이다.

요약하면, 엘리엇은 상징주의(Symbolism)와 이미지즘을 기조로 한 모더니즘 시학과 기독교 사상을 적절히 통합하여 새로운 현대시의 고전(古典)을 만들어 냈다. 그리하여 그는 한 시대의 시와 시극과 비평계에 탁월한 업적을 남겨 20세기의 최고봉으로 우뚝 선 것이다. 그의 대표작으로는 전후 유럽인들의 정서적, 정신적 불모와 서구 문명의 황폐 상을 다룬 「황무지(The Waste Land)」와 시간과 영원의 의미를 탐색한 철학적 명상시 「사중주(Four Quartets)」 등이 있다.

오든(W. H. Auden, 1907~1973)은 경기 침체와 전쟁 등으로 혼란했던 1930년대 사회에 대한 비판적 입장을 취하고, 현대 사회 제반 문제의 해결을 마르크스의 사회주의 이론에서 찾으려했던 소위 '오든 그룹(Auden Group)'의 중심인물이었다. 그러나 성숙기에 접어들수록 그는 사회의 병리현상에 대한 진단보다는 치유책을 찾으려는 자세를 취했고, 말년에는 대담한 상상력, 예민한 지적 감수성, 뛰어난 시적 기교들을 사용하여 형이상학적, 종교적 사상을 넘나들면서 사랑의 비전에까지 이르렀다(김양수 467-68).

한마디로, 그는 다양한 작품 활동과 현대적 감각으로 당면한 문제들을 진단하고 해결하려는 진지한 모색과 작시법상의 다양한 실험 등으로 엘리엇 이후 최고의 시인으로 자리매김했다고 볼 수 있다. 대표적 시집으로는 『웅변가들(The Orators)』 『다른 때(Another Time)』 『불안의 시대(The Age of Anxiety)』 등이 있다.

노벨문학상 수상자로서 '페이머스 히니(Famous Heaney)'라는 별명을 가진 셰이머스 히니(Seamus Heaney, 1939~2013)는 1939년 북아일랜드 런던데리(Londonderry) 주(州)에 있는 모스본(Mossbawn) 농장에서 가톨릭 집안의 9남매 중 장남으로 태어났다. 히니의 시 세계에 결정적 영향을 미친 것은 그가 어린 시절에 몸소 체험했던 농촌 생활이다.

1940년대와 1950년대의 아일랜드는 땅을 파서 감자를 심고, 소를 키워 젖을 짜는 전형적인 농업 국가였다. 히니의 감수성은 외부와 차단된 농촌 환경에서 흙냄새를 맡으면서 이

웃들과 어울리며 순박하게 자라는 가운데 형성되었다. 따라서 히니의 시는 영국의 서정시와 자연시의 전통에서 출발했다고 할 수 있다. 하지만 그는 오랜 세월 동안 영국의 식민통치를 받아온 아일랜드의 비극적 역사와 아일랜드인의 슬픈 정서를 외면할 수가 없었다. 그러므로 그의 시에는 아일랜드의 독특한 역사와 신화, 정치와 종교, 그리고 언어와 문학에 대한 깊은 애정과 성찰이 담겨있다.

하지만 말년의 시에서는 다소 지역적이고 저항적이던 초기시의 분위기에서 탈피하여 대국적인 안목에서 아일랜드의 정체성을 찾고, 개인과 민족 간의 조화를 추구하려는 자세가 엿보인다. 간단히 말해, 히니는 영국의 서정시와 자연시의 오랜 전통에다 리얼리즘의 색채를 가미함으로써 서정시의 새로운 패러다임을 제시한 시인이라 할 수 있다.

소설 문학

로렌스(David Herbert Lawrence, 1885~1930)는 기계 문명과 현대 사회가 인간의 개성을 위축시키고, 지성의 과도한 발달이 인간을 건강하지 못하게 만들었다고 지적하면서 원시(原始)와 본능으로 회귀할 것을 주장했다. 또한 질식당하고 있는 생명을 소생시키기 위해서는 인간이 우선 건전한 동물로 되돌아가야 한다고 강조했으며, 그러기 위해서는 새로운 양성관계의 모럴(moral) 정립이 시급하다고 역설했다. 이러한 그의 생명철학이 자신의 독특한 개성과 융합되어 로렌스 문학을 탄생시켰다. 대표작으로는 『아들과 연인들(*Sons and Lovers*)』『무지개(*The Rainbow*)』『채털리 부인의 연인(*Lady Chatterley's Lover*)』 등이 있다.

제임스 조이스(James Joyce, 1882~1941)는 내면의 리얼리즘을 추구함으로써 20세기 전반에 서구에서 풍미했던 모더니즘 문학과 현대적 정신의 틀을 만드는 데 주도적 역할을 했다. "19세기를 살해한 작가"라는 엘리엇의 말이나, "인간 의식의 새로운 국면을 발굴해 낸 위대한 시인"이라는 에드먼드 윌슨(Edmund Wilson, 1895~1972)의 말은 위대한 문학적 지성이 가져다준 문학적 충격의 본질을 잘 말해준다. 왜냐하면 버지니아 울프(Virginia Woolf, 1882~1941), 엘리엇, 윌리엄 포크너(William Faulkner, 1897~1962) 등과 같은 당대의 모더니스트(Modernist) 작가들은 물론이고, 조이스 이후의 서구 작가들 중에 그의 영향을 받지 않은 사람은 별로 없기 때문이다. 그뿐만 아니라 그는 '현현(顯現, epiphany: 숨겨진 진리의 현시[顯示]를 뜻함),' '의식의 흐름(Stream of Consciousness)' 등의 용어를 만들어냈고, 소설에서 새로운 실험을 함으로써 현대문학에 커다란 변혁을 초래했다는 점에서, 20세기의 호메로스(Homeros, Homer)이자 셰익스피어로 불리기도 한다.

조이스는 예이츠가 세상을 떠난 2년 뒤에 죽었다. 그러나 그들의 문학 세계는 확연히 달랐다. 조이스는 예이츠를 위시한 아일랜드 문예 부흥기의 작가들이 추구했던 과거 지향적이고, 전원적이며, 신비주의적 민족문학과 편협한 가톨릭교회와 속물근성이 판을 치는 "눈먼 쓰라린 고장(blind bitter land: 아일랜드를 가리킴)"과 "눈멀고 무지한 도시(blind and ignorant city: 더블린[Dublin]을 가리킴)"를 등지고 인류 보편의 세계 문학을 찾아 나섰다. 그런 의미에서 조이스는 다분히 '세계인(cosmopolitan)'이었다고 할 수 있다. 그러나 그가 다룬 문학은 다른 어떤 아일랜드 작가보다도 더 아일랜드적이었다. 이 때문에 더블린은 그의 삶뿐만 아니라 그의 문학의 고향이요, 『더블린 사람들(Dubliners)』은 조이스 문학의 원형이라 할 수 있다.

그의 첫 작품 『더블린 사람들』은 조이스가 3년(1904~1907)에 걸쳐서 쓴 14편의 단편과 1편의 중편을 모아 놓은 단편집이다. 이 작품은 조이스가 작가로 성장하는 과정과 그의 문학 세계가 성숙해 가는 과정을 잘 보여준다. 조이스는 더블린 시민들의 시대착오적 영웅주의, 종교적 맹목성, 속물근성 등을 '마비(paralysis)'라는 주제를 통해 다룸으로써 보편적 인간의 모습을 보여주고자 했다.

다음 작품 『젊은 예술가의 초상(*A Portrait of the Artist as a Young Man*)』은 조이스 자신의 자전적 요소가 두드러진 '성장소설(Bildungsroman)'로서, 주인공 스티븐 디덜러스(Stephen Daedalus)의 자아 형성 과정을 상징적으로 보여주고 있다. 스티븐은 유년 시절부터 '침묵, 망명, 그리고 교활함(silence, exile, and cunning)'을 추구함으로써 독자적 자아를 성취하는 젊은 예술가로 성장한다. 그는 5개의 장으로 구성된 각각의 장에서 자신을 에워싸고 있는 기존 사회의 모든 인습적 속박을 거부하고 '자기 민족의 아직 창조되지 않은 양심을 자신의 영혼의 대장간에서 벼를 수 있도록(to forge in the smithy of my soul the uncreated conscience of my race)' 창조적 예술가의 길을 나선다.

『율리시즈(*Ulysses*)』는 조이스의 대작(大作)일 뿐 아니라 모더니즘 문학의 최고 정점이다. 이 작품은 호메로스의 대서사시 『오디세이(*Odyssey*)』를 모방해서 유대계의 평범한 봉급생활자인 레오폴드 블룸(Leopold Bloom)의 내적인 방황(의식의 흐름을 통해 드러나는 여러 단편적 사고들)을 다루고 있다. 조이스는 이 작품을 통해 다면체로 구성된 현대인의 내면과 일상적 삶을 가감 없이 보여주고자 했다. 정체성을 상실한 현대인은 누구나가 이방인이며 방랑자이다. 조이스는 블룸을 통해 근원을 상실한 채 세상을 정처 없이 떠돌아다니는 '방랑하는 유대인(Wandering Jews)'의 모습을 현대인의 전형으로 재현하여, 방랑하는 인간의 의식에 질서를 부여함으로써, 이 작품을 '인간의 소우주' '인간 육체의 서사시이자 백과사전' '인간 의식의 총화'로 만들고자 했다.

『율리시즈』에서는 등장인물들의 방랑에만 한정되지 않고 소설 기법 역시 온갖 방랑을 겪는다. 조이스는 이 작품에서 문학이 할 수 있는 모든 기법을 총동원하여 소설 혁명을 시도하고 있다. 이렇듯 조이스는 열린 형식(open form)을 통해 형식과 내용의 합일을 추구함으로써 자신의 문학적 상상력을 리얼리즘의 문학 세계에서 모더니즘 문학으로, 그리고 더 나아가서 포스트모더니즘의 문학 세계로 무한히 확장시켰다.

조이스의 마지막 작품 『피네건의 경야(經夜)Finnegans Wake』는 장장 17년에 걸쳐 완성된 '조이스 문학의 집대성'이자 '영어로 쓰인 가장 난해한 작품'이며 '문학의 최고봉'이다. 『율리시즈』가 낮의 소설이고 인간 의식의 파노라마를 다룬 소설이라면, 『피네건의 경야』는 인간의 무의식과 잠재의식을 총체적으로 다룬 소설이다. 소설이라고는 하지만 여기에는 전통적 의미의 플롯, 등장인물, 상황 등 그 어느 것도 존재하지 않는다. 뿐만 아니라 묘사나 설명 또는 그 밖의 심리의 흔적도 없다. 다만 존재하는 것은 과거에서 미래까지 영겁의 시간에 걸쳐 역사의 흐름 속을 꿈과 같이 움직이는 인간 원형의 모습과 신화와 상징의 세계뿐이다. 문체도 다중의 의미와 연상을 내포한 신조어와 문법에 전혀 맞지 않는 구문을 마구 사용함으로써 '언어 혁명(revolution of word)'을 야기하고 있다. 문학이 언어를 매개로 삶의 세계에 의미를 부여하는 작업이라면, 조이스는 자기만의 새로운 언어를 창조함으로써 삶의 의미를 부단히 생성하고 창출한 작가라고 할 수 있다.

버지니아 울프(Virginia Woolf, 1882~1941)는 사실적 수법을 피상적인 것이라고 공격하면서 현실을 묘사하는 새로운 방법을 제시한 작가이다. 일상의 표피 아래 숨겨진 삶의 깊숙한 내면을 탐구하고자 했던 울프가 문학적 소재로 삼은 것은 '평범한 날에 마음에 떠오른 것(what the mind receives on an ordinary day)'이었다. 그녀에게 현실은 외면적 경험의 세계가 아니라 시시각각으로 변하는 윤곽이 불투명한 내면적 현실이었다. 따라서 삶을 더욱 진실하게, 그리고 보다 충실하게 묘사해야 한다면, 작가가 다루어야 할 것은 바로 삶의 본질을 이루는 내면의식이라고 울프는 주장하였다. 개인의 의식 기록에 충실하고자 했던 울프는 그때그때의 기분이나 느낌을 효과적으로 전달하기 위해 문학형식과 장르의 구분을 넘

나든다. 또한 스토리의 진전도 일정한 목표점을 향해 상식적 논리에 따르기 보다는, 인간의 의식 작용을 닮아 생각이 불연속적, 다차원적, 동시다발적으로 이루어지는 체험처럼 역동적 패턴을 따른다. 이러한 점에서 울프 문학의 특징은 개인적 체험을 '의식의 흐름'의 수법을 통해 섬세한 서정과 상징으로 더욱 강렬하게 전달하는 데 있다고 할 수 있다(영미 문학의 길잡이 1, 539-53). 대표작으로는 『댈러웨이 부인(*Mrs. Dalloway*)』『등대로(*To the Lighthouse*)』『파도(*The Waves*)』 등이 있다.

극 문학

20세기에 접어들면서 연극은 또 한 차례의 큰 변화를 겪게 되었다. 그 변화의 중심에는 입센과 그의 추종자들의 유산, '관념의 연극(Drama of Ideas)'의 등장, 내면성과 상징성의 추구, 사회극(Social Drama)의 출현, 풍습희극(Comedy of Manners)의 부활 등이다. 그러나 무엇보다도 중요한 것은 아일랜드에서 일기 시작한 '아일랜드 민족연극운동'이었다.

1899년 예이츠는 그레고리 부인(Lady Gregory, 1852~1932), 에드워드 마틴(Edward Martyn, 1859~1923) 등과 함께 더블린

에 '애비 극장(Abbey Theatre)'을 세웠다. 1904년 처음으로 문을 연 이 극장은 아일랜드 문예부흥운동의 본거지 역할을 했다. 예이츠, 그레고리 부인, 존 밀링턴 싱(John Millington Synge, 1871~1909), 숀 오케이시(Sean O'Casey, 1880~1964) 등이 쓴 수많은 국민 극들이 이 극장에서 공연되었다.

애비 극장이 발굴해낸 가장 위대한 극작가는 싱이다. 그는 불과 38세의 짧은 나이로 요절했지만, 그의 작품은 아일랜드 문학사에서뿐 아니라 세계 문학사에서도 길이 빛나고 있다. 싱은 예이츠와 마찬가지로 당시 유럽 연극계에 풍미하던 코스모폴리타니즘(Cosmopolitanism), 사실주의 연극을 통한 사회 고발과 교훈을 주려는 경향 등에 과감히 등을 돌리고, 문명의 때가 묻지 않은 인간과 그들의 원초적 삶에 초점을 맞춰 자유로운 환상과 서정을 추구한 작품들을 썼다.

싱 이전에도 훌륭한 아일랜드 작가는 있었지만, 그들 모두는 아일랜드를 벗어남으로써 진가를 발휘했다. 그러나 싱은 아일랜드로부터 영감을 직접 받은 작가였다. 싱은 아일랜드의 서쪽 해안에 있는 '아란 섬(Aran Islands)'을 방문하여 원주민들과 함께 생활했고, 그들의 순박하고 신비로 가득 찬 생활을 관찰하면서, 그들이 사용하는 방언을 수집하여, 이것을 바탕으로 주옥같은 작품들을 발표했다. 대표작으로는 〈계곡의 그늘(In the Shadow of the Glen)〉 〈바다로 간 기사

(Riders to the Sea)〉〈서방 세계에서 온 바람둥이(The Playboy of the Western World)〉 등이 있다.

오케이시는 예이츠, 싱과 더불어 아일랜드를 대표하는 작가로 손꼽힐 뿐 아니라 20세기 현대 드라마의 역사에서도 매우 중요한 천재 극작가이다. 싱이 아일랜드의 농촌과 어촌을 작품 속에 담았다면 오케이시는 아일랜드의 도시, 특히 더블린 빈민가의 인물들과 그들의 삶을 극의 소재로 삼았다. 그는 인생의 전반 40여 년을 빈민촌 주민과 막노동꾼들 사이에서 보냈기 때문에 그가 직접 경험한 인물들을 무대에 올렸다. 대표작으로는 〈암살자의 그림자(The Shadow of a Gunman)〉〈쥬노와 공작(Juno and the Paycock)〉〈쟁기와 별(The Plough and the Stars)〉 등이 있다.

사무엘 베케트(Samuel Beckett, 1906~1989)는 20세기 '부조리 연극(Theater of the Absurd)'의 대가들 가운데 한 사람이다. 그의 작품은 지역적·정서적·철학적·종교적,·심리적 뿌리가 없는 인간 조건의 탐색을 위해 일상의 단조로움, 인간 행동의 무의미함, 그리고 인간 상호 간 의사소통의 단절 등의 주제를 '부조리 연극' 형식에 담아 보여주고 있다.

'부조리 연극'이란 제2차 세계대전 이후 실존주의 철학과 혁명적이고 전위적인 극 형식이 결합된 연극에 대해, 영국의 비평가 마틴 에슬린(Martin Esslin, 1918~)이 자신의 저서 『부조리 연극(*The Theatre of the Absurd*), 1961』에서 처음 사용한 말이다. 이는 제2차 세계대전을 겪는 동안 유럽의 지식인들이 느꼈던 불안감, 가치관과 목적의 상실, 고독과 소외감, 의사소통의 단절, 종교와 형이상학 그리고 초월적(超越的) 뿌리로부터의 단절 등과 같은 비극적 상황의 산물이다.

'부조리 연극'은 인간 존재를 무의미하거나 부조리한 것으로 제시하고 비논리적인 극적 기교들을 사용한다. 플롯도 전통적 극 구성의 방식을 따르지 않는다. 대부분의 경우 사건의 진전이 전혀 없이 시작과 끝이 같은 순환적 구조를 따른다. 등장인물들은 사실적이지 못하고 인물에 관한 설명도 배제된다. 무대는 낯설고 인식할 수 없거나 뒤틀린 세상이다. 대사는 간결하고 양이 적으며, 대화는 전혀 이치에 맞지 않고, 등장인물들은 의사소통에 실패한다.

베케트의 〈고도를 기다리며(Waiting for Godot)〉는 부조리 연극 중에서 가장 유명한 작품이다. 폐허로 변한 우리 세계의 처절한 환영(幻影)이라 할 수 있는 이 작품의 무대 위에서는 아무런 사건도 일어나지 않는다. 등장인물들의 성격이나 심리적 갈등도 전혀 찾아볼 수가 없다. 등장인물들은 시시각각으로 밀려오는 고독과 불안을 잊기 위해 쉬지 않고 지껄이고, 싸우고, 서커스의 광대처럼 행동을 하지만 결국은 모든 것이 공허하고 무의미하다. 또한 그들에게는 신의 구원도 없다. 그들은 인간 원죄와 숙명적 공허의 상징일 뿐이다. 한 마디로, 이 작품은 인간 존재의 무의미함과 인간 언어의 부조리성을 미학적으로 결합한 작품이다.

1953년에 〈고도를 기다리며〉의 프랑스 초연은 세계 연극의 흐름을 온통 뒤바꿔 놓은 충격 그 자체였다. 세계 곳곳에서 '고도'는 그곳에 결핍된 '그 무엇'을 상징했다. 60년대 폴란드 공연에서 '고도'는 '소련으로부터의 해방'이었고, 미국 생 켕탱 감옥 죄수들의 공연에서는 '석방'이었다. 이 작품에서 '고도'가 신의 상징이냐 아니면 희망의 상징이냐, 그리고 '고도'가 왔었느냐 오지 않을 것이냐 하는 문제는 전적으로 독자나 관객의 판단에 달려 있다.

제9장
영국의 문화

주거 문화

영국의 전통적 주거 형태는 건물 정면에 앞문이 있고 주변에(특히 건물의 앞과 뒤에) 정원이 딸린 2층짜리 단독주택(디테치드 하우스, Detached House)이다. 이들 대부분은 벽돌로(가끔은 돌로) 지어지며, 지붕은 타일로 되어 있다. 인구의 80% 이상이 단독주택에 살고 있으며, 나머지는 세미 디테치드 하우스(Semi-detached Houses: 공통의 벽을 사이에 두고 두 채의 집이 나란히 붙어 있는 주택), 테라스드 하우스(Terraced Houses: 같은 구조의 집들이 옆으로 3채 이상 붙어 있는 집으로 일명 '타운 하우스'라고도 함), 아파트(Flats, 3~5층으로 된 아파트), 방갈로(Bungalows: 조그만 단층집), 스튜디오 플랫(Studio Flats: 원룸 형태의 주거 공간) 코티지(Cottages, 옛 시골집) 등에서 산다. 단독주택의 경우 1층에는 1개 이상의 거실과 식당 및 부엌이, 그리고 2층에는 3~4개의 침실과 1~2개의 욕실이 배치되어 있다. 또한 집 뒤에는 가라지(Garage, 창고)가 정원에 딸려 있다.

음식 문화

영국은 음식에 관해서는 평판이 별로 좋지 않았다. 하지만 지난 수년 동안 요리 분야에서 혁명에 가까운 변화의 바람이 불고 있다. 2005년에는 푸드 매거진 「구어메(*Gourmet*)」가 런던을 세계에서 가장 훌륭한 레스토랑들이 몰려 있는 곳으로 선정하기도 했다. 가는 곳마다 미슐랭(Michelin) 별점을 받은 레스토랑, 유기농 음식점, 미식가들이 즐겨 찾는 게스트로펍(Gastropub) 등이 즐비하다. 최근 유행하고 있는 '스타 셰프' 현상 등에서 볼 수 있듯이, 영국은 오늘날 요리의 후진국에서 최신 요리의 선도국으로 탈바꿈하고 있다(론리플래닛 디스커버: 영국 366).

아침 식사

영국인은 베이컨, 소시지, 달걀, 버섯, 구운 콩, 튀긴 빵, 그릴드 키퍼(grilled kipper: 훈제 청어를 구운 것), 오렌지 주스, 홍차 등으로 이루어진 '기름진 아침식사(fry-up breakfast, Full English Breakfast)'를 즐긴다. 물론 튀긴 토마토나, 다른 나라에서 '블러드 소시지(blood sausage)'로 불리는 '블랙 푸딩(black pudding: 돼지 피와 지방, 오트밀 혹은 보리를 재료로 하여 만든 검은색 소시지)'을 곁들이는 경우도 있다. 그러나 오늘날 대부분의 영국 가정에서는 시리얼(cereal)이나 잼을 바른 토스트 등으로 가벼운 아침 식사를 한다.

점심 식사

영국이 전 세계인들에게 선사한 수많은 발명품 중 하나는 바로 샌드위치이다. 샌드위치는 18세기 영국의 귀족이었던 샌드위치 백작(Earl of Sandwich)이 만들었다고 전해진다. 샌드위치와 코니시 패이스트리(Cornish pasty: 감자와 햄 등을 넣어 조개 모양으로 만든 큰 만두) 외에 주로 펍에서 즐길 수 있는 점심으로는 '플라우먼스 런치(ploughman's lunch)'가 있는데, 이는 빵, 치즈, 스파이시 피클(spicy pickle), 양파 등으로 구성된다. 하지만 요즈음에는 버터, 샐러드, 피클, 절인 양파, 각종 드레싱(dressing)들이 함유된 스마트 런치로 변신했다. 이밖에도 파머스 런치(farmer's lunch: 빵과 치킨), 스톡맨스 런치(stockman's lunch: 빵과 햄), 프렌치맨스 런치(Frenchman's lunch: 브리[Brie] 치즈와 바게트), 피셔맨스 런치(fisherman's lunch: 생선) 등 다양한 형태의 변종 런치들이 있다.

저녁 식사

영국인의 전형적인 저녁 식사는 로스트 비프(roast beef)이다. 가장 유명한 육류는 스코틀랜드산 애버딘 앵거스(Aberdeen Angus) 소고기, 웨일스산 새끼 양고기, 스코틀랜드산 붉은 사슴 고기 등이다. 육류 요리와 함께 곁들여 먹는 요리로는 요크셔 푸딩(Yorkshire pudding: 밀가루, 달걀, 우유 등을 반죽하여 구운 음식)이 있는데, 요크셔 푸딩에 소시지를 넣으면 또 다른 요리인 토드인더홀(toad-in-the-hole)이 된다. 하지만 영국에서 가장 널리 알려진 주식(主食)은 뭐니 뭐니 해도 피시앤칩스(fish and chips: 생선살에 튀김옷을 입혀 튀긴 것과 감자튀김을 함께 먹는 음식)이다.

피시앤칩스는 영국의 항구도시에서 잡은 생선을 기름에 튀겨 감자튀김과 함께 먹는 가장 인기 있는 간편식 요리(chippies로 널리 알려짐)로, 펍이나 카페 혹은 테이크어웨이 샵(takeaway shop)에서 쉽게 접할 수 있다. 해안으로부터 멀리 떨어진 곳에서는 생선이 너무 기름지고 맛이 없는 경우도 있지만, 해안 지방에서는 항상 맛있게 즐길 수 있는 요리이다.

차(茶, tea) 문화

영국인은 차를 즐겨 마신다. 인도 아대륙(印度 亞大陸)에 차 생산을 위한 대농장을 건설한 18세기 이래로 차는 영국인의 기호품이 되었다. 또한 유구한 역사를 지닌 차 문화는 그들의 여유로운 삶의 태도와 기품을 보여준다. 영국인은 하루에도 전국적으로 1억 6,500만 잔의 차를 마신다. 주로 아침 시간에 마시지만, 하루 중 아무 때나 수차례 마신다. 일터에서도 '티 브레이크(Tea Break)'라는 시간을 내서 차를 마신다. 때로는 우유나 설탕을 곁들여 마시기도 한다. 밀크 티는 홍차에 우유를 탄 것이다. 영국인이 마시는 차는 우리가 흔히 생각하는 녹차가 아니라 발효된 홍차이다. 영국인의 홍차

문화는 18세기에 베드퍼드 공작부인(Duchess of Bedford) 애나 마리아 스턴홉(Anna Maria Stanhope, 1788~1861)이 오후에 습관적으로 홍차를 즐기던 것으로부터 유래하며, 영국에서 생산되는 유명한 홍차로는 포트넘 앤 메이슨(Fortnum and Mason), 브룩 본드(Brook Bonds), 립튼(Lipton), 트와이닝(Twinings) 등이 있다.

영국인은 아침에는 '모닝 티(Morning Tea),' 오전 11시경에는 '티 브레이크', 오후 3시경에는 '애프터눈 티(Afternoon Tea)' 시간을 갖는다.

애프터눈 티 시간은 점심과 저녁 식사 시간 사이에 향긋한 홍차와 함께 간단한 빵, 디저트 등을 곁들여 여유를 즐기는 시간으로, 이 또한 베드퍼드 공작부인에 의해 시작되었다. 당시 영국에서는 아침은 푸짐하게 먹고, 점심은 간단하게 때웠으며, 저녁 식사 시간은 오후 8시였다. 따라서 오후 시간이 되면 당연히 배가 고플 수밖에 없었다. 어느 날 오후 베드퍼드 공작부인은 축 가라앉는 기분을 달래기 위해 하녀에게 차와 함께 다과를 준비토록 했다. 이후로 부인은 오후에 마시는 차가 기분 전환에 도움이 된다는 것을 알게 되었고, 다과회에 친구들을 초대하기 시작했는데, 이러한 모임이 곧 런던 전역으로 퍼져나가 애프터눈 티의 시발점이 되었다.

일반적으로 애프터눈 티는 홍차(보통 우유와 설탕을 곁들임),

스콘(Scone), 샌드위치(Sandwich), 티 케이크(Tea Cake: 타르트 케이크, 무스 케이크, 과일 케이크, 셰리 트라이플), 클로티드 크림 (Clotted Cream: 우유로 만든 노란색의 빽빽한 크림) 등으로 구성 된다.

펍(Pub, Public House, Public Living Room) 문화

독일에는 '호프 하우스(Hof Haus)'가 있고, 프랑스에는 '카페(Café)'가 있듯이, 영국에는 '펍'을 중심으로 형성된 독특한 펍 문화가 있다. 펍은 공공장소라는 뜻을 가진 'Public House'의 줄임말로, 영국의 전통적인 선술집을 말한다. 한편, 숙식을 제공하는 펍은 '인(Inn: The Crown Inn, The Oak Inn)'이라고 하며, 보다 현대적인 장소는 '바(Bar)'라고 한다.

펍의 기원은 로마가 영국을 점령했을 당시로 거슬러 올라간다. 로마인은 알코올을 마시거나 사교생활을 즐길 수 있는 '태번(Tavern)'을, 그리고 이후 앵글로색슨인은 '에일 하우스(Ale House)'라는 비슷한 유형의 주점을 갖고 있었다. 그러다가 15~16세기에는 집주인들이 자기 집 정문 앞에서 맥주를 팔거나, 역마차가 멈춰서는 여인숙(Coaching Inn)이 펍의 역할을 했다. 하지만 펍이 본격적으로 번창한 것은 빅토리아 시대였다.

영국의 펍은 영국인을 가장 쉽게 만날 수 있는 곳이며, 서민들의 정서를 가장 잘 느낄 수 있는 곳이다. 또한 펍은 술을 마시는 곳일 뿐만 아니라, 음료나 전통 메뉴의 식사를 가볍게 즐길 수 있는 곳, 영국인의 나이트라이프(nightlife: 저녁 문화)를 대표할 수 있는 곳, 단골손님들의 술집, 긴장을 푸는 도피처, 지방 사람들의 사랑방·토론방·문화 교류의 장, TV로 스포츠를 즐기는 곳, 라이브 무대를 선보이는 예술 공연장, 밤 클럽 등의 역할을 하는 영국인의 소셜 허브(Social Hub)라 할 수 있다. 최근에는 사무실이 밀집된 도시 지역에 '와인 바(Wine Bar: 와인, 주류, 다양한 이국 음식 등을 제공하는 술집)'가 하나둘 생겨나서 여피족의 취향에 부응하고 있다.

펍의 명칭은 영국의 역사를 반영하고 있으며(예: St. George and the Dragon, The Robin Hood and the Green Man, The Rose and Crown), 수백 년의 역사와 전통을 자랑하는 펍들도 수두룩하다. 하지만 1990년대부터는 젊은이들의 취향을 반영해서 개조한 곳들도 있다. 런던에는 5천여 개, 영국 전역에는 대략 8만여 개의 펍들이 있는데, 작은 시골 마을에도 반드시 한두 개의 펍이 있다. 예전에는 문맹이 많아 펍의 간판을 쉽게 읽을 수가 없었기 때문에, 간판은 보통 가지각색의 그림들로 밝고 요란하게 치장을 해서 멀리서도 식별이 용이하도록 했다.

영국에서 펍에 출입할 수 있는 법적 연령은 18세이며, 14세 이상의 청소년은 성인 동반자와 함께 들어가야만 식사와 음료(알코올은 제외)를 제공받을 수 있다. 영국의 펍은 보통 11시경에 문을 닫는데, 마감 시간 10분 전에 셔터를 내리고, 요란하게 종을 울리면서 마지막 주문을 받는다. 하지만 최근 들어 영국 정부는 펍의 영업시간 제한을 철폐했다. 이에 따라 영업시간 연장을 원하는 펍은 정부의 허가를 받아 24시간 영업할 수 있게 되었다.

펍에서 즐길 수 있는 맥주의 종류로는 에일(ale), 라거(larger), 스타우트(stout) 등이 있다. 에일(짙은 갈색을 띰)은 맥주 통 위쪽에서 효모를 발효시키는 상면(上面) 발효 방식의 맥주이다. 하면(下面) 발효 방식으로 차갑게 즐기는 라거(옅은 노란색을 띰)는 청량감이 강한데 반해, 실온으로 즐기는 에일 맥주는 짙은 향과 쓴맛이 특징이다.

아일랜드의 기네스(Guinness), 벨기에의 호가든(Hoegaarden), 영국의 포터(Porter) 등이 대표적 제품이며, 일명 '비터(bitter)'라고도 한다. 'Porter' 혹은 'Stout'라 불리는 흑맥주는 몰트(malt, 맥아)로 만든것으로 검은 색을 띠며 깊은 맛이 나는 것이 특징이다.

맥주를 주문할 때는 보통 '파인트(British pint, Imperial pint: 570㎖)' 단위를 쓰며, 보다 작은 양을 원할 경우에는 '글라스(a glass)'나 '하프(a half)', 또는 '하프 파인트(a half-pint)'라고 하면 된다.

펍에서의 술값은 선불로 한다. 바텐더에게는 팁을 줄 필요는 없지만 꼭 성의를 표하고 싶다면 한 파인트를 사 주는 것(... and one for yourself.)으로 족하다. 한편, 술잔이 빈 사람의 술을 돌아가면서 순차적으로 사는 방식을 '라운드 시스템(Rounds System)'이라고 한다.

언론 문화

　영국의 언론 문화는 신문, 잡지, 텔레비전, 라디오로 요약할 수 있는데, 신문이 언론 문화를 주도하고 있다.

　영국 신문의 역사는 200년 이상을 자랑하며, 영국인은 스웨덴인과 일본인을 제외하고 세계에서 신문을 가장 많이 보는 국민으로 정평이 나 있다. 영국의 신문은 전 세계적으로 영향력이 매우 클 뿐 아니라 구독률(영국인의 대략 70%가 신문을 구독함)도 높기 때문에 다양한 종류의 신문들이 발간되고 있다.

　영국의 신문은 크게 고급 신문(quality papers, broadsheets)과 대중 신문(popular papers, tabloids, the gutter press)으로 나뉘며,

그 중 전국 일간 신문이 10종, 전국 일요 신문이 10종, 지방 일간 신문이 96여 종에 달한다. 또한 주간이나 격 주간으로 발행되는 지방신문도 수백여 종에 이른다.

신문사는 편집 방향에 따라 특정 정당을 지지할 수 있지만, 대개 오너(owner)의 영향을 받는다. 전국과 지방 일간지의 경우 대부분 언론 그룹 1개사가 여러 개의 신문을 동시에 발행하고 있다.

언론에 대한 규제는 원칙적으로 자율 규제이지만, 1991년에 설립된 '언론고충위원회(The Press Complaints Commission, PCC)'가 언론의 윤리강령과 관련된 임무를 수행하고 있다.

영국의 주요 전국 신문 현황

(단위: 만 부)

구분		신문명	정치 성향	발행 부수
일간지 (월요일~ 토요일)	고급지	데일리 텔레그래프(The Daily Telegraph)	보수	84
		타임스(The Times)	보수	63
		파이낸셜타임스(The Financial Times)	보수	45
		가디언(The Guardian)	자유	35
		인디펜던트(The Independent)	중도	20
	대중지	선(The Sun)	중도	306
		데일리 메일(The Daily Mail)	보수	218
		미러(The Mirror)	노동	142
		익스프레스(The Express)	보수	74
		스타(The Star)	중도	70
일요지	고급지	선데이 타임스(The Sunday Times)	보수	123
		선데이 텔레그래프(The Sunday Telegraph)	보수	63
		옵서버(The Observer)	자유	45
		인디펜던트 온 선데이(The Independent on Sunday)	중도	16
	대중지	뉴스 오브 더 월드(The News of the World)	중도	313
		메일 온 선데이(The Mail on Sunday)	보수	222
		선데이 미러(The Sunday Mirror)	노동	129
		선데이 익스프레스(The Sunday Express)	보수	67
		피플(The People)	중도	61

(영국의 개황, 외교부, 2011.)

잡지

영국에서는 「우먼(*Woman*)」 「우먼스 오운(*Woman's Own*)」 「하우스 앤 가든(*House and Garden*)」 「보그(*Vogue*)」 등, 매년 9,000여 종에 달하는 잡지들이 발행되고 있으며, 수십 년 동안 특별한 형식의 변화 없이 발행되고 있다.

영국의 주요 주간 잡지(Weekly Magazine) 현황

(단위: 만 부)

잡지명	성격	발행 부수
이코노미스트(*The Economist*)	중도 보수 성향의 고급 여론지	14
타임아웃(*The Time Out*)	런던을 비롯한 영국 주요 도시의 문화 등 주요 행사 일정을 안내함	9
뉴스테이츠먼(*The New Statesman*)	중도 좌파적 시각에서 사회문제, 정치·예술 분야의 쟁점을 소개함	6
스펙테이터(*The Spectator*)	뉴스테이츠먼과 유사한 주제를 중도 우파적 시각에서 다룸	2

(영국의 개황, 외교부, 2011.)

텔레비전과 라디오

영국의 '비비시(BBC, British Broadcasting Corporation)'는 1922년 영국 국왕의 칙허장(Royal Charter)을 근거로 설립된 세계 최초의 국영 방송국이다. 여기에서는 총리가 추천하고 국왕이 임명하는 12명으로 구성된 이사회가 최고 의사 결정 기구이며, 재정은 시청료로 충당된다. BBC 텔레비전과 라디오는 국내뿐 아니라 해외 방송도 하고 있다. BBC 텔레비전 방송은 BBC 1, BBC 2, BBC Choice, BBC 4, BBC News 24, BBC 의회(Parliament)가 있으며, BBC 1과 BBC 2는 정규 지상파로 방송되고 있다. 기타 텔레비전 방송국은 케이블 네트워크, 디지털 위성방송, 디지털 지상파 방송으로 방송된다. '독립 텔레비전(Independent Television, ITV)'은 영국 최대 민간 방송국으로 1955년 9월 22일에 방송을 시작했다. 법률상으로는 〈Channel 3〉이며, 채널은 ITV 1, ITV 2, ITV 3, ITV 4, ITV 2+1, ITV Preview, CITV로 나뉜다. 해외 텔레비전 방송 BBC 월드(BBC World)는 24시간 방송 체제로 지구촌 180여 개 나라로 방송된다.

21세기 다중매체 시대에도 라디오의 인기는 여전히 시들지 않고 있으며, BBC 라디오는 세계에서 가장 유명한 라디오 방송사이다. BBC는 5개의 전국 라디오 방송망(Radio 1,

2, 3, 4, 5)을 갖고 있으며, 지방의 39개 방송사와 제휴하고 있다. BBC 월드 서비스(BBC World Service)는 해외 라디오 방송으로, 영어 이외에도 43개 언어로 방송되고 있다(김재풍 128-130).

귀족 문화

  영국에는 21세기 관점에서 시대착오적으로 보이는 귀족
제도가 여전히 존속하고 있다. 우선 최상위 계급으로는 왕
족(royal family)이 있고, 그 다음으로는 왕이나 여왕의 가까
운 혈족들에게 수여되는 공작(duke)으로부터, 후작(marquis,
marquess), 백작(earl), 자작(viscount), 남작(baron 또는 lord)으로
이어지는 세습 귀족(hereditary peer)이 있다. 세습 귀족은 말
그대로 작위가 세습되는 고전적 의미의 진짜 귀족이다. 현재
영국에는 대략 1,200명 정도의 세습 귀족이 있다. 예전에는
모든 세습 귀족이 상원 의원이 될 수 있었으나, 1999년 상원
관련법이 통과된 이후부터는 귀족들이 선출하는 92명만이

상원 의원이 될 수 있다.

종신 귀족(life peer)은 자신의 노력과 공적(功績)으로 귀족이 된 사람으로, 죽을 때까지만 한시적으로 귀족의 신분이 유지되며, 준남작(baronet, baroness), 기사(knight), 경(sir, dame) 등의 호칭이 수여된다. 이러한 칭호는 왕이나 세습 귀족을 잘 보필하거나, 자신의 직업 분야에서 두드러진 업적을 남긴 사람들에게 수여된다. 종신 귀족은 부족한 세습 귀족으로 인해 위축된 상원 의원의 숫자를 늘리기 위해 1958년부터 생겼다. 중세 때 지역 귀족의 사병이었던 기사는 오늘날 각 분야에서 뛰어난 업적이 있는 사람에게 국왕이 그 작위를 수여하며, 작위를 받은 사람은 자신의 이름 앞에 'sir(여자의 경우에는 'dame')'를 붙인다. 한편, 영국 귀족의 특성은 다음과 같다.

첫째, 귀족은 평민이 갖지 못한 부와 재산과 혈통을 소유한 특권 계층이다.

둘째, 귀족은 육체노동을 하지 않으면서도 악착같이 재산을 지켜낼 줄 아는 사람이다.

셋째, 귀족은 대중 앞에서 감정 표현을 자제하는 능력이 뛰어난 사람이다.

넷째, 귀족은 자선사업과 사회봉사에 적극 참여하며, 국왕과 국가가 위기에 처했을 때는 생명의 위험을 무릅쓰고 솔

선수범하는 사람이다.

다섯째, 귀족은 선과 정의를 지향하는 '고매한 천성'을 지닌 사람이다.

여섯째, 귀족은 충성과 선행을 실천하며 자부심과 기품을 지키는 사람이다(박종성 109-111).

요약하면, 귀족은 평민들이 갖지 못한 부와 재산과 혈통을 소유한 특권계층으로, 대중 앞에서 감정 표현을 자제하는 능력이 뛰어나고, 자선사업과 사회봉사에 적극 참여하며, 나눔·후원·노블레스 오블리주(nobless oblige)를 적극 실천하고, 국왕과 국가가 위기에 처했을 때는 생명의 위험을 무릅쓰는 솔선수범의 자세를 보인다. 또한 귀족은 선과 정의를 지향하는 고매한 천성을 지닌 사람으로 충성과 선행을 실천하며, 외관보다는 품격 있는 삶과 아름다운 마음을 견지하며 사는 사람이다(강혜경 57-60). 이러한 영국의 귀족 마인드는 중세의 기사도(chivalry)에서 연원(淵源)한 신사도(gentlemanship)로서, 우리나라의 선비정신과 유사하다.

스포츠 문화

영국인은 전통적으로 스포츠 애호가이다. 직접 참여하든 아니면 단지 관람만 하든 스포츠에 대한 영국인의 관심과 열정은 일반인의 상상을 초월한다. 영국인은 축구(Football, Soccer), 럭비(Rugby), 크리켓(Cricket), 테니스(Tennis), 폴로(Polo), 경마(Horse Racing, 競馬), 골프(Golf), 미식축구(American Football), 골프(Golf), 카누(Canoe), 보트 레이스(Boat Race), 사냥개 경주(Dog-racing), 사이클(Cycling), 하이킹(Hiking), 조깅(Jogging) 등 전 세계적으로 주목을 받는 대다수의 스포츠를 발명했거나 스포츠의 경기 규칙들을 만들어 냈다. 따라서 영국 문화의 정수를 이해하는 또 하나의 방법은 영국인의 스포츠를 이해하는 것이다.

영국 스포츠의 특징

영국의 스포츠에는 계급질서가 반영되어 있다. 가령 아름다운 전원에서 승마를 즐기는 것은 귀족과 상류층의 전유물이었으며, 지금도 승마는 주로 상류층의 스포츠이다. 기타 여우사냥을 비롯한 수렵과 폴로 등 말과 관계있는 스포츠도 상류층을 위한 것이다.

예나 지금이나 상류층 외에는 그다지 여가(餘暇)가 없었기 때문에 여가가 필요한 스포츠는 원래 상류층의 전유물이었다. 전통적으로 상류층 자녀의 교육기관인 퍼블릭 스쿨(Public School)에서는 스포츠도 중요한 교육과정의 일부였으며, 스포츠를 통해 지도자에게 걸맞은 체력을 기르고, 규율, 인내, 페어플레이(fair play) 정신 등을 터득하도록 했다.

같은 의미에서 옥스퍼드와 케임브리지에서도 강의는 오전 중에 끝내고, 오후에는 모든 학생이 스포츠에 참여했다. 테니스, 크리켓, 보트 레이스 종목처럼 각 대학, 각 퍼블릭 스쿨에 공통되는 종목도 있었으나, 학교마다 고유의 스포츠를 갖는 것이 통례였으며, 같은 스포츠라 하더라도 퍼블릭 스쿨에 따라 상이한 룰(rule)이 적용되는 것도 드문 일이 아니었다. 이처럼 상류계층에서 발달한 스포츠는 다른 습관, 풍속 등과 마찬가지로 중류계층의 상층부를 거쳐 전 국민적으로 퍼져나갔다(네이버 두산백과).

축구

영국의 축구 리그(league)는 세계 최고의 팀과 선수들을 보유하고 있다. 그 정점에는 전국 상위 20개 축구 클럽이 참여하는 프리미어 리그(The Premier League)가 있다. 여기에는 전 세계적으로 유명한 아스널(Arsenal), 리버풀(Liverpool), 맨체스터 유나이티드(Manchester United), 첼시(Chelsea) 클럽들이 포함된다. 프리미어 리그 밑으로는 72개 팀이 챔피언십(Championship), 리그 원(League One), 리그 투(League Two) 등세 개의 리그에서 경기를 펼친다. 스코틀랜드 프리미어 리그에서는 글래스고우 레인저스(Glasgow Rangers)와 글래스고우 셀틱(Glasgow Celtic)이 강자로 군림하고 있다. 축구 시즌은 8월부터 5월까지 지속된다.

럭비

'신사의 게임'으로 알려진 럭비는 영국에서 가장 인기 있는 스포츠이다. 특히 잉글랜드가 2004년 세계대회에서 우승을 거둔 이후 럭비의 인기는 더욱 상승 기류를 탔다. 럭비에는 두 가지 형식이 있는데, 럭비 유니언(Rugby Union)은 잉글랜드의 남부 지역, 웨일스, 스코틀랜드에서 성행하며, 럭비 리그(Rugby League)는 잉글랜드의 북부 지역에서 인기가 있다. 두 형식의 규칙과 전술은 비슷하다. 하지만 럭비 유니언에서는 각 팀당 15명의 선수가 뛰는 반면, 럭비 리그에서는 13명의 선수가 출전한다. 럭비 시즌은 대략 9월부터 부활절까지 지속된다.

크리켓

크리켓은 인생 그 자체라고 할 수 있는 영국인의 전통경기이다. 크리켓은 영국의 국기(國技)로서 잉글랜드의 남동부에서 유래했으며, 최초의 기록은 1598년으로 거슬러 올라간다. 이후 영국의 식민지 시대에 국제스포츠로 발전한 크리켓은 영연방 국가들에게 널리 보급되었으며, 특히, 인도 아대류(印度 亞大陸), 서인도 제도, 호주, 뉴질랜드, 남아프리카 등 지에서 인기가 높다.

크리켓은 11명으로 구성된 두 팀이 교대로 공격과 수비를 하면서 공을 배트로 쳐서 득점을 겨루는 경기로, 공격 팀과 수비 팀이 번갈아 바뀐다는 점에서 야구와 비슷하다. 크리켓 시즌에는 일터를 떠나 홈팀을 응원하는 프랑스 사람들과 북서부 런던의 크리켓 경기장으로 몰려드는 인파를 곳곳에서 볼 수 있다(테리 탄 237).

테니스

테니스는 클럽이나 지역 단위로 널리 행해지는 스포츠이다. 가장 유명한 대회는 윔블던(Wimbledon)에서 개최되는 '전 잉글랜드 잔디 테니스 챔피언십(All England Lawn Tennis Championship)'이다. 6월의 마지막 주와 7월의 첫 주 사이에는 전국이 테니스 열기로 가득하다.

폴로(Polo)

왕의 경기로 통하는 폴로는 주로 부유층 사람들이 돈을 써가며 즐기는 마상구기(馬上球技) 종목이다. 폴로는 승마와 하키를 합친 것으로, 한 팀에 4명씩 두개 팀으로 나누어 경기를 벌이며, 말을 탄 채 폴로 스틱(stick)으로 공을 몰고 가서 골을 넣는 방식을 취한다.

경마(horse racing, 競馬)

경마는 경주 거리, 방향, 상금, 출주 기수, 부담 중량 등의 정해진 조건 하에 2두(頭) 이상의 말을 타고 달리면서 속도를 겨루는 경기이다.

유명한 경마대회로는 매년 6월 중순에 개최되는 '로열 아스코트(Royal Ascot) 경마대회'와 매년 6월 첫 토요일에 개최되는 '더비 데이(Derby Day) 경마대회'가 있다.

기타

이밖에도 미식축구, 골프, 카누, 보트 레이스, 사냥개 경주, 사이클, 하이킹, 조깅 등이 있다.

제10장
스코틀랜드의 문화

지형

거친 자연과 역사가 살아 숨 쉬는 땅, 갈색 황야(heath)와 숲이 울창한 땅, 산과 호수의 땅 스코틀랜드는 예전에 칼레도니아(Caledonia: 로마인이 붙인 명칭으로 '숲의 나라[Land of Woods]'라는 뜻)로 불렸으며, 잉글랜드, 웨일스, 북아일랜드와 함께 영국을 구성하는 4개의 행정구역 중 하나로, 위도상으로 가장 북쪽에 있다.

스코틀랜드는 1973년의 지방 행정법에 따라 1975년부터 9개의 지구(Region)와 3개의 섬 지구(Island Area)로 나뉘며, 주도(主都)는 에든버러(Edinburgh)이고, 경제의 중심은 글래스고우(Glasgow)이다. 잉글랜드와는 별개의 자치법으로 통치되고 있으며, 독자적인 사법제도와 보건 및 교육제도를 운용하고, 국교회 제도도 독립적으로 존재한다(조일제 193-94).

면적은 그레이트브리튼섬의 3분의 1 정도(약 7만 9천 제곱킬로미터)이며, 인구는 영국 전체 인구의 약 8.7퍼센트(5백 30만 명)이다. 기온은 영국에서 가장 낮아 여름철에도 평균 섭씨 15도를 유지한다. 강수량은 서부 지역에 집중되는 경향이 있으며, 기후 변화는 산악지역이 특히 심하다.

스코틀랜드는 남쪽에서 북쪽으로 지리·문화적으로 뚜렷이 구분되는 3개 지역으로 나뉜다. 우선 잉글랜드와 경계를 이루는 곳 바로 북쪽이 남부 고지(The Southern Uplands) 지역이다. 이곳은 완만한 구릉지로 이따금 멀리 떨어져 형성된 작은 도시로 구성되며, 목양업이 경제활동의 주류를 이룬다.

이곳에서 조금 더 북쪽으로 올라가면 구릉지가 파도치듯 펼쳐지는 중앙 평원(The Central Plain, Lowlands) 지역이 있다. 중세의 멋이 가득한 이곳과, 동쪽 해안선을 따라 북쪽으로 뻗어 있는 지역에 스코틀랜드 인구의 80% 이상이 거주한다. 또한 에든버러, 글래스고우, 던디(Dundee), 애버딘(Aberdeen)과 같은 대도시들도 이곳에 있다. 오늘날 이 지역은 잉글랜드의 북부 산업지역과 마찬가지로 경제적 어려움을 겪고 있지만, 북해산 유전 덕택에 경제가 점차 호전되고 있다.

마지막으로 가장 북쪽에 산과 깊은 골짜기들로 구성된 하일랜드(The Highlands) 지역과, 서해안에서 멀리 떨어진 수많은 작은 섬들(787개의 섬 중 130여 개만 사람들이 살고 있음)로 구성된 도서(島嶼) 지역이 있다. 대략 100만 명 정도의 인구가 모여 사는 이곳 경제는 관광업과 위스키 산업이 주류를 이루고 있으며, 눈부신 대자연의 웅장한 정취를 만끽할 수 있는 곳이다.

영화 〈해리포터(Harry Potter)〉 〈브레이브 하트(Brave Heart)〉 〈007 스카이폴(007 Skyfall)〉 등의 배경이 된 장엄한 절경은 대부분 하일랜드에서 빛을 발한다. 하일랜드는 스코틀랜드 전체 면적의 3분의 2 정도를 차지하고 있으며, 스코틀랜드의 심장과 영혼을 간직한 곳이다. 하일랜드의 중심도시 인버네스(Inverness), 네시(Nessie) 괴물로 유명한 네스호(Loch Ness), 황량하게 바위가 드러난 벤네비스산(Ben Nevis: 해발 1,343미터), 천상의 세계처럼 아름다운 글렌코(Glencoe)협곡 등 인간의 손이 거의 닿지 않아 진정한 스코틀랜드의 이미지를 느낄 수 있는 곳이 바로 이곳이다.

네스호는 길이 36킬로미터, 평균 폭 1.6킬로미터, 깊이 250미터의 거대한 호수로 전설을 품고 있다. 지금으로부터 1,500년 전에 성 골룸바(St. Columba)가 괴물 네시를 물리쳤다는 것인데, 혹여 이것이 거짓인지 오늘날에도 살아 있는 네시를 봤다는 사람들이 종종 등장하고 있다. 하지만 믿거나 말거나, 호수는 소문과 상관없이 그윽하고 신비롭게 빛나고 있다.

영화 〈007 스카이폴〉의 촬영지 글렌코는 하일랜드의 백미로 꼽힌다. '웨스트 하일랜드의 꽃'으로 불리는 이곳은 4억 년 전 무너진 칼데라호(caldera lake)의 잔재가 남아 있다. 산, 협곡, 호수, 평야가 광활하게 펼쳐진 하늘 위로는 검은 독수리가 선회한다. 글렌코의 가장 압도적인 절경은 세 자매 봉으로, 한눈에 담을 수 없을 정도의 거대한 규모이며, 세 개의 봉우리 사이로 폭포의 물줄기가 쉴 새 없이 떨어지는 풍경에 넋을 잃게 된다.

스코틀랜드에는 3개의 주요 도시가 있는데, 각기 다른 모습으로 유명하다. 우선, 6세기 때부터 도시 형태를 갖춰 '사랑스러운 초록의 땅(Glasgow는 게일어로 'Glas cu'라고 불렸는데, 이는 'dear green place'란 뜻임)'으로 불렸던 글래스고우는 스코틀랜드에서 가장 큰 도시이며, 영국에서는 세 번째(첫 번째는 런던[London], 두 번째는 버밍엄[(Birmingham)]로 큰 도시이다(인구 60만 명). 이 도시는 18세기에 산업혁명을 주도했으며, 이후 중공업, 조선업, 교역 등이 활성화되면서 스코틀랜드의 최대 산업도시로 발전했다. 19세기 말에는 디자이너 찰스 매킨토시(Charles Rennie Mackintosh)가 설계한 '글래스고우 예술학교(Glasgow School of Art)'의 명성으로 유럽의 디자인과 건축을 선도하는 위치로 자리매김하게 되었고, 1990년에는 유럽의 문화도시로 선정되었다.

스코틀랜드 왕국의 수도였던 고색창연한 에든버러는 구시가지와 신시가지 전체가 1995년 유네스코(UNESCO) 세계 문화유산으로 지정될 만큼 아름다운 자연과 스카이라인을 자랑한다. 에든버러는 15세기 이후 스코틀랜드의 수도가 되었으며, 면적은 264제곱킬로미터, 인구는 49만 명으로 스코틀랜드의 정치, 경제, 행정, 교육, 학문, 법률, 상업, 문화, 관광의 중심지로, 중세의 정취와 현대 도시의 세련미를 동시에 느낄 수 있는 곳이다. 또한 이곳은 수많은 역사적 건축물과 문화유산, 그리고 우뚝 솟은 화산암 바위산 위에 해발 133미터 높이의 에든버러 성(Edinburgh Castle)이 자리하고 있어 '북부의 아테네(The Athens of the North)' 또는 '북부의 파리(The Paris of the North)'로 불리기도 한다.

에든버러의 중심부에서 동서로 뻗어 있는 프린세스 스트리트(The Princes Street), 스코틀랜드의 문인 월터 스콧 기념탑(Walter Scott Monument), 프린세스 스트리트 정원, 에든버러 성과 칼톤 힐(Calton Hill)에서 바라본 스카이라인은 말 그대로 환상적인 분위기를 연출한다.

구도심의 로열마일(The Royal Mile) 거리 또한 기품 있는 매력을 발산한다. 에든버러 성과 홀리루드하우스 궁전(Palace of

Holyroodhouse)을 잇는 1.6킬로미터의 길은 옛 모습 그대로의 길들이 서로 얽혀 있어 고색창연하다. 과거에는 왕과 귀족들만이 지나갈 수 있었지만, 지금은 수많은 관광객과 퍼포먼스를 펼치는 예술가들로 북적인다.

홀리루드하우스 궁전과 퀸스 드라이브(Queen's Drive) 일대에 펼쳐진 거대한 홀리루드 공원(Holyrood Park)의 모습은 무척 인상적이다. 특히 1947년부터 이곳에서 개최되는 '에든버러 페스티벌(The Edinburgh Festival)'의 명성으로 인해 매년 8월이면 세계 곳곳에서 몰려드는 예술가들로 인산인해(人山人海)를 이룬다. 이 중에서 세계 문화수도의 명예를 안겨준 '에든버러 프린지 페스티벌(The Edinburgh Fringe Festival)'은 지금도 많은 이들의 관심을 끌고 있다. 에든버러 프린지 페스티벌 기간에는 천여 개의 공연이 펼쳐지며, 스코틀랜드를 포함한 다양한 국가의 군악대 행진이 축제의 백미를 장식한다. 프린지 페스티벌은 제2차 세계대전이 끝난 직후 얼룩진 문화 예술을 재통합하자는 취지로 시작되어 오늘날에는 세계인들의 뜨거운 사랑을 받는 축제로 자리매김했다.

예술가들은 에든버러에서 영감을 얻었다. 영화나 소설 속으로 들어선 듯한 비현실감이 에든버러에서는 자연스러운 감정이다. 아서 코난 도일 경(Sir Arthur Conan Doyle, 1859~1930)은 로열마일 거리에서 셜록 홈스(Sherlock Holmes)

를 구상했고, 멘델스존은 홀리루드하우스 궁전에서 벌어진 메리 여왕(Mary Queen of Scots)과 그녀의 비서였던 데이비드 리치오(David Rizzio)의 비극적 사랑 이야기를 토대로 「교향곡 3번 스코틀랜드」를 작곡했다. 물론 스코틀랜드의 대자연도 큰 영향을 미쳤다. 전 지구적 스테디셀러를 집필한 조안 롤링(J. K. Rowling, 1965~)은 에든버러 성이 보이는 엘리펀트 하우스(The Elephant House) 카페에서 『해리포터(Harry Potter)』의 첫 편을 완성했다.

스코틀랜드에서 세 번째로 큰 도시이자, 유럽의 해안 유전도시 애버딘은 1972년 북해산 유전이 발견된 이후 번창 일로에 있다. 영국의 가장 중요한 어항(漁港)이기도 한 이곳은 스코틀랜드의 최대 어시장으로 청어와 대구의 집결지이기도 하다. 또한 "어느 날 아침, 잠에서 깨어 보니 나 자신이 유명해져 있었다(When I awoke one morning, I found myself famous.)"라고 말한, 영국의 낭만주의 시인 바이런(George Gordon Byron, 1788~1824)이 생활했던 곳이기도 하다.

하일랜드(Highlands)와 로우랜드(Lowlands)의 경계인 스털링(Stirling)은 역사적으로 중요한 도시이다. 스코틀랜드의 영웅 윌리엄 월리스(William Wallace, 1297~1305)는 이곳에서 잉글랜드의 군대를 물리쳤다. 그가 머물렀던 스털링 성(Stirling Castle)은 스코틀랜드에 있는 천여 개의 성 중 가장 웅장하고 화려하다. 스털링 성에서 동북쪽으로 두 시간 거리에 있는 던노타 성(Dunnottar Castle)은 아담한 마을 스톤헤이븐(Stonehaven)의 해안 절벽에 폐허로 남아 있어, 주변의 장쾌한 풍광과 대비되어 애잔하고 쓸쓸하지만 더없이 아름답다.

스코틀랜드에는 '세계 6대 해안도로' 목록에 이름을 올린 도로가 있다. 이는 영국 왕실에서 아름다운 도로로 지정한 '노스 코스트 500(North Coast 500)'으로, 스코틀랜드의 최북단을 링 로드(Ring Road)로 연결한 길이다. 약 830킬로미터에 달하는 이 좁은 길은 호수, 협곡, 해안선을 따라 구불구불 뻗어 있다. 도로 옆으로 맹렬하게 내달리는 대자연의 위세가 영검하여 감히 '신의 길'이라 할 정도이다. 인간이 신으로부터 빌린 땅 위에 조심스레 길을 내어 자연을 최대한 보전하고 있는 이 길의 풍광은 스코틀랜드 사람들의 자랑거리이다(문유선).

기후

스코틀랜드는 영국에서 연중 기온이 가장 낮은 지역으로, 여름철에도 평균 기온이 섭씨 15도 정도이다. 또한 서늘하고 습하며, 일조량도 그다지 많지 않다.

북쪽으로 올라갈수록 기온이 낮아지며 특히 북부 해안가에는 바람도 강하게 분다. 하지만 유럽의 북부지역과 달리 대서양 기단의 영향을 받기 때문에 비교적 온난하다.

동서(東西)로 산지가 있기는 하지만 기후의 차이는 그다지 크지 않은 편이다. 강수량은 서쪽이 많으며, 산악지역은 특히 날씨의 변화가 심하다. 날씨가 가장 좋을 때는 7월과 8월이다.

하지만 이때에도 날씨가 변화무쌍하다. 한여름의 낮 시간은 오전 6시 30분부터 오후 10시 30분까지로 매우 길다.

언어

　스코틀랜드의 토속어는 영어가 아니라 스코트어와 스코틀랜드-게일어이다. 스코트어 사용자는 대략 1백 5십만 명 정도이다. 스코틀랜드-게일어는 켈트어군에 속하는 언어로 6세기경에 아일랜드로부터 유입되어 20세기 초반까지 널리 쓰였지만, 오늘날에는 스코틀랜드의 서쪽 해안에서 떨어진 스카이(Skye)섬이나 헤브리디스 군도(The Hebrides)에 사는 6만 명 정도만이 사용하고 있다. 오늘날 스코틀랜드인 다수는 영어를 쓰고 있다. 하지만 스코틀랜드인 특유의 악센트가 너무 강해 외지인이 그들의 영어를 이해하는 데는 다소의 어려움이 있다.

종교

1560년 종교 개혁가 존 녹스는 엄격한 성경 해석을 강조하는 장 칼뱅의 가르침을 토대로 '스코틀랜드 국교(The Church of Scotland, The Presbyterian Church, Kirk, 장로교)'를 세웠다. 이는 '영국 국교회(The Church of England, The Anglican Church, 성공회)'와는 전혀 성격이 다른 신교의 한 지파이다.

스코틀랜드인의 삶에서 기독교가 중요한 역할을 하는 것은 사실이지만, 사회가 점점 세속화되면서 20세기 이후 교회 참석률은 계속 감소 추세에 있다. 오늘날에는 전체 인구 중 단지 6.5퍼센트의 사람들만 규칙적으로 교회에 다니고 있다. 이중 가장 큰 교파는 신교(장로교)와 가톨릭이며, 기타 소수 종교로는 이슬람교, 힌두교, 시크교, 유대교 등이 있다.

스코틀랜드에서 가장 유명한 축구팀이라 할 수 있는 레인저스(Rangers)와 셀틱(Celtic)은 각기 다른 기독교 종파를 대변한다. 레인저스의 팬들은 신교를 신봉하는 반면, 셀틱의 팬들은 가톨릭을 신봉한다.

문화

스코틀랜드의 문화는 타탄, 스카치 위스키, 해기스, 골프, 에든버러 페스티벌, 백파이프, 하일랜드 게임 등으로 특징지을 수 있다.

씨족(clan)의 긍지로 여겨지는 타탄(tartan)은 로마 제국시대에 탄생했다. 켈트족은 자기 소유의 토지에서 자라는 식물을 염료로 활용하여 이미 당시에 체크무늬(격자무늬) 천을 짜서 입었는데, 이들이 몸에 걸치고 다니던 체크무늬 천을 보면 그들이 어느 지역 사람인지를 쉽게 알 수 있었다. 그 후 타탄은 하일랜드에서 씨족제도가 확립되면서 가계(家系: 가족이나 후손을 게일어로 'clann'이라고 함)를 상징하는 문장(紋章)

으로 자리 잡았다. 그러나 1746년 '컬로든(Culloden) 전투'에서 잉글랜드에 패한 뒤 발효된 '금지법(The Act of Proscription, 1747)'에 따라, 스코틀랜드 고유의 문화와 전통은 철저하게 금지되거나 탄압받았으며, 타탄도 예외가 아니었다.

오늘날의 타탄은 대부분 19세기 이후에 복원되거나 새롭게 디자인된 것이다. 영국의 빅토리아 여왕은 특히 하일랜드 지역과 하일랜드 문화에 관심이 많았으며, 1822년 영국 왕 조지 4세(George IV)는 스코틀랜드를 방문했을 때 타탄으로 만든 킬트(kilt: 남성용 스커트)를 입었다. 이러한 연유로 오늘날과 같은 다양한 타탄 문화(현재 1,600여 종의 타탄이 존재함)가 번창할 수 있게 되었다.

스카치 위스키(Scotch Whisky)

위스키는 스코틀랜드의 영혼과 밀접한 관련이 있으며, 스코틀랜드 하면 치마 입은 남자 다음으로 떠오르는 것이 위스키이다. 특히, 웅대한 자연 속에서 태어난 하일랜드 지방의 위스키는 '스카치(Scotch)의 왕'으로 불리고 있으며, 스페이강(The River Spey) 유역의 스페이사이드(Speyside)는 스카치의 고향이자 최고급 위스키의 산지이다.

위스키의 기원에 관해서는 정확히 알 수 없지만, 위스키의 발상지는 아라비아(Arabia: 오늘날의 중동 지역)로 추정되고 있다. 10세기 무렵에 아일랜드의 수사(修士)들은 아라비아로부터 증류 기술을 들여왔다. 당시 아랍인들은 꽃을 증류하여 향수 및 '아라끄(Araq)'라는 증류주를 제조했다. 아일랜드의 수사들은 이 증류주 제작 기술을 응용하여 보리(barley)로 위스키를 증류하는 기술을 개발했다. 이 기술은 수도원 경내에서 수 세기 동안 비밀에 부쳐지다가 후일 선교사들에 의해 스코틀랜드로 전해졌다. 스코틀랜드에서는 1494년 제임스 4세(James IV, 1473~1513)의 명령으로 존 코어(John Cor)가 맥아(麥芽)를 증류하여 위스키를 처음 제조한 이래(아일랜드에서 처음 만들어진 공식 기록은 1556년임), 현재는 대략 90여 개의 위스키 제조공장(malt whisky distillery)이 있다.

스코틀랜드의 위스키를 세계 최고로 만든 비결은 하일랜드의 토탄(peat, turf)색 강물이라 할 수 있다. 아일랜드의 수사들은 처음 위스키를 만들었을 때, 이를 아일랜드어로 '생명수(the water of life)'를 뜻하는 'uisce beatha(발음은 ish·ka ba·ha)'라 불렀다. 이는 라틴어 '아쿠아 비테(aqua vitae, 생명의 물)'에서 유래한 말인데, 당시 아일랜드에 주둔하고 있던 영국 군인들은 이를 발음할 수가 없어서 영어로 'whiskey'라 불렀다. 그 후 아일랜드와 스코틀랜드에서는 'whiskey'

와 'whisky'가 혼용되어 사용되었다. 하지만 20세기 이후 아일랜드의 위스키 제조업자들이 자신들이 만든 위스키의 철자를 'whiskey'로 고집하면서부터, 아일랜드 위스키(Irish whiskey)와 스코틀랜드 위스키(Scotch whisky)를 영어의 스펠링 차이에 의해 구별할 수 있게 되었다. 최근에는 위스키를 뜻하는 '스카치(Scotch)'가 전 세계적으로 통용되고 있다.

그러면 스펠링 외에 아이리시 위스키와 스카치 위스키의 차이점은 무엇일까? 우선, 스카치 위스키는 맥아를 토탄 불 위에서 말리지만, 아이리시 위스키는 연기가 없는 가마(kiln)에서 말린다. 따라서 스카치 위스키는 아이리시 위스키에서 찾아볼 수 없는 훈제(燻製) 맛이 깃들여 있다. 또한 아이리시 위스키는 세 번의 증류 과정을 거치지만 스카치 위스키는 두 번의 증류 과정을 거치기 때문에, 아이리시 위스키가 순도(純度) 면에서는 더욱 정제된 맛을 내는 경향이 있다.

스코틀랜드의 특산품인 스카치는 곡물, 물, 효모균을 원료로 하여 만들며, 통상 오크통에서 3년 이상 숙성시킨다. 스카치에는 세 종류가 있다. 보리의 맥아만을 사용하여 단식 증류기에서 증류한 것이 몰트 위스키(malt whisky)이고, 옥수수와 맥아를 발효시킨 후에 증류한 것이 그레인 위스키(grain whisky)이며, 이 둘을 혼합하여 만든 것이 블렌디드 위스키(blended whisky)이다. 스카치를 '스코틀랜드 지방의 술'에서

'세계적인 술'로 승화시킨 것은 다름 아닌 블렌디드 위스키의 덕이라 할 수 있다. 한편, 최근에 전 세계적인 붐을 일으키고 있는 위스키는 '싱글 몰트 위스키(single malt whisky)'이다. 이는 단식 증류기를 통해 두 번 증류한 몰트 위스키만을 병에 담은 것으로, 혼합물을 전혀 섞지 않아 맛이 중후하고 짙어 스카치의 새로운 맛을 즐길 수 있게 해주는 술이다.

해기스(Haggis)

해기스는 북부 고지대에서 주로 먹는 스코틀랜드의 전통적 국민음식(The Traditional Scotland's National Dish)이다. 생활이 어려워 가축의 뼛속까지 먹던 시절, 해기스는 가축의 최고급 부위를 먹은 후에 남는 부위들로 만든 스코틀랜드 특유의 요리였다. 양의 위(胃)를 주머니로 삼아 그 속에 양이나 송아지의 각종 내장들(허파, 간, 심장), 양파, 오트밀 등을 집어넣고 삶은 요리로 우리나라의 만두와 비슷한 음식이다.

조리법도 만두와 비슷하다. 잘게 썬 고기에 다진 채소, 다량의 오트밀, 향신료, 후추 등을 곁들여 소를 만든다. 잘 버무려진 소를 양의 위에 넣고 쪄내면 완성된다. 직접 만드는 곳도 있지만, 소시지 형태로 판매해서 어디에서나 쉽게 구입할 수 있다. 데우면 따뜻하고, 채소 때문에 촉촉하며, 오트밀이 많이 들어 있어 포슬포슬한 식감이다. 담백한 고기의 육향에 매운맛까지 더해져 한국인의 입맛에도 잘 맞는다. 낯설지만 한 번 맛보면 중독될 확률이 높다. 후추와 향신료 향이 강하기 때문에 보통 위스키를 곁들여서 먹는다.

18세기에 로버트 번스는 해기스에 대한 그의 사랑을 찬시에 담아 표현했다. 1801년, 번스의 5주기 추모행사로 시작된 동료들의 저녁 식사자리가 스코틀랜드의 전통이 되었다. 이후로 매년 섣달 그믐날(12월 31일) 자정이면 스코틀랜드 사람들은 손에 손을 잡고 스코틀랜드의 국민시인 번스가 쓴 「올드 랭 사인(Auld Lang Syne)」을 부르면서 가는 한 해를 아쉬워하는 파티를 벌이는데, 이를 '호그마니(Hogmanay: New Year's Eve, 즉 섣달 그믐날 저녁이란 뜻)'라고 한다. 원래 호그마니는 해가 빨리 뜨라고 재촉하던 켈트족의 축제로, 최근까지도 크리스마스보다 더 중요한 행사였다. 지금은 새해가 밝았음을 알리기 위해 흥겨운 댄스파티로 열리고 있다. 스코틀랜드 사람들은 이 행사 때와 매년 1월 25일 '번스 나이트(Burn's Night: 로버트 번스의 탄생 기념일)'에 특별한 의식을 거행한 후(전통의상을 입은 사람이 백파이프[bagpipe]를 연주하면 해기스가 식탁으로 운반되고, 이어 번스의 「해기스에 부쳐(Ode to the Haggis)」라는 시가 낭송되면 박수갈채가 뒤따른다) 해기스를 먹는다. 식후에는 로버트 번스의 시 낭송도 빼놓지 않는다.

골프(Golf)

골프의 기원은 로마시대로 거슬러 올라간다. 고대 로마인
들은 깃털이 달린 가죽 공을 나무 막대기로 쳐서 멀리 날리
는 '파가니카(paganica)'라는 놀이를 즐겼는데, 이 놀이의 방
식이 오늘날의 골프와 유사했다. 그 후 13세기에 네덜란드인
들이 막대기로 둥근 가죽 공을 치는 '콜프(kolf, colf)' 경기를
했다는 기록이 있다. '골프'란 단어는 스코틀랜드-게일어의
고어(古語) '고프(Gouft, Gowff)'에서 유래한 말로, 막대기로 돌
을 '치다'라는 뜻이다. 즉, 골프는 스코틀랜드의 초원에서 소
와 양을 치는 목동들이 심심풀이로 막대기로 돌을 쳐서 여
우 굴에 집어넣던 놀이였다.

골프에 관한 최초의 기록은 1457년으로 거슬러 올라간
다. 당시 제임스 2세(James II)는 백성들이 국가 방위에 필요
한 궁술은 연마하지 않고 골프에만 몰두함으로써 국가에 해
(害)가 된다는 이유로 골프를 금지했다. 하지만 사람들은 왕
의 명령에 개의치 않았기 때문에 골프는 17세기까지 유행
했다. 1754년 5월 14일에는 스코틀랜드의 유서 깊은 대학

도시 세인트 앤드루스(St. Andrews)에서 '골퍼 협회(The Society of Golfers)'가 창설되었고, 1834년에는 영국 왕 윌리엄 4세 (William IV, 1765~1837)의 후원으로 또 다시 이곳에 세계에서 가장 오래된 골프 클럽인 '로열 앤 에인션트 클럽(The Royal and Ancient Club: 이곳에서 제정된 골프에 관한 규칙들은 미국과 멕시코를 제외한 전 세계 골프 경기에 적용됨)'이 설립되었다.

골프는 스코틀랜드인만의 스포츠가 아닌, 잉글랜드를 포함한 모든 영국인의 스포츠로 자리매김했다. '로열 앤 에인션트 클럽'은 지금까지도 영국의 모든 골프대회를 주관하면서 영국인과 외국인에게 골프를 널리 보급하는데 기여했다.

세인트 앤드루스는 말 그대로 골퍼들의 성지(聖地)이다. 도시 바로 외곽에 바다와 나란히 펼쳐진 '올드 코스(Old Course)'는 사람들의 손이 타지 않은 자연 그대로의 지형을 살린 '신이 만든 코스'로 알려져 있다. 골프의 성지답게 올드 코스 바로 뒤편에는 '골프 박물관(The British Golf Museum)'이 자리 잡고 있다. 1990년에 개관된 이 박물관은 분해된 골프공, 퍼터와 클럽, 골프공과 골프 경기의 역사, 골프 패션 등 초창기부터 최근까지 500여 년에 걸친 골프의 역사를 한눈에 볼 수 있는 곳이다.

오늘날에는 스코틀랜드 전역에 있는 550여 개의 다양한 골프 코스들이 전 세계 골프 애호가들을 유혹하고 있다.

에든버러 페스티벌

에든버러 페스티벌은 4월 사이언스 페스티벌(Science Festival)을 시작으로, 6월 필름 페스티벌(Film Festival), 7월 재즈 앤 블루스 페스티벌(Jazz & Blues Festival)과 아트 페스티벌(Art Festival), 그리고 하이라이트인 8월 밀리터리 타투(Military Tattoo: 밤 10시의 귀영나팔 소리 'tat-too'에서 유래함), 프린지 페스티벌, 에든버러 인터내셔널 페스티벌(The Edinburgh International Festival), 북 페스티벌(Book Festival) 등으로 이어진다. 물론 이것이 끝이 아니다. 10월 스토리텔링 페스티벌(Storytelling Festival), 12월 호그마니 페스티벌(Hogmanay Festival)과 신년 파티까지, 말 그대로 축제로 시작해서 축제로 끝이 난다.

그 중에서 1947년에 탄생한 '에든버러 인터내셔널 페스티벌'은 제2차 세계대전으로 인해 상처받은 이들의 마음을 치유하기 위한 목적으로 시작되었다. 매년 여름 3주 동안(8월 14일~9월 6일) 개최되는 '에든버러 인터내셔널 페스티벌'은 세계 곳곳의 유명 예술인들이 한자리에 모여 한여름을 화려하게 장식하는 전 세계적인 예술축제이다. 이 축제는 클래식, 연극, 코미디, 스토리텔링, 춤, 음악, 오페라, 오케스트라, 영화, 문학, 미술, 가장행렬, 거리공연, 백파이프 공연, 도서 및 건축물 전시, 비주얼 아트, 밀리터리 타투 등 세계 각국으로부터 초청된 5백여 종류의 다채로운 공연을 펼치며 규모와 수준에 있어서도 세계 최고를 자랑한다.

'축제 속의 축제(the festival within festival)'라고 할 수 있는 '에든버러 프린지 페스티벌(The Edinburgh Fringe Festival: 8월 5일~29일 개최)'은 수많은 공연단체들이 실험성이 풍부하고 아이디어가 참신한 예술작품을 선보이는 비공식적인 예술축제이다. 즉흥 거리공연, 수백 개의 쇼, 콘서트, 재즈, 아동극, 인형극, 야외 카니발, 곡예사들의 공연, 전시회 등 흥미진진한 볼거리들로 펼쳐지는 이 축제는 로열마일과 마운드, 극장과 홀, 거리와 광장을 가득 메워 도시 전역을 축제의 도가니로 빠져들게 한다. '프린지 페스티벌'은 공식 초청공연으로 이루어지는 '인터내셔널 페스티벌'과는 달리 자유참가 형식의 공연으로 해마다 수백 여 개의 공연 단체들이 참가하고 있다. 특히 2013년에는 4만 5,464명이 참가하여 2,871개의 공연이 펼쳐졌으며, 판매된 티켓만도 200만 장에 이를 정도로 세계 최대 규모의 페스티벌로 자리매김하고 있다. 따라서 형님격인 '에든버러 페스티벌'보다 더욱 유명해진 이 '에든버러 프린지 페스티벌'은, 축제의 타이틀처럼 더 이상 '주변부(fringe)'에 머물러 있지 않고, 자유로운 창조정신을 불태우며 주류 문화로 도약하고 있다(조일제 198-199).

백파이프(bagpipe)

스코틀랜드 하면 가장 먼저 떠오르는 것이 킬트(kilt)를 입은 남자가 백파이프를 부는 모습이다. 고대 이집트인이나 로마인에게도 이 악기가 수천 년 전에 알려지기는 했지만, 스코틀랜드 고유의 소리 하면 뭐니 뭐니 해도 백파이프 소리이다. 백파이프는 입으로 공기 주머니에 공기를 불어넣으면서, 이것을 여러 개의 파이프를 통해 밀어넘음으로써 소리를 낸다. 연주에는 1~2개의 찬터(chanter, 선율관)라고 하는 리드가 달린 지관(指管, 손가락으로 누르는 관)이 선율을 연주하고, 2~3개의 드론(drone, 低音管)관이 저음, 주음, 속음 등을 계속해서 낸다. 스코틀랜드에서는 오늘날에도 군악용 악기로 유명하며, 춤곡, 민요, 장례식 음악 등에 널리 쓰이고 있다.

하일랜드 게임(Highland Games)

하일랜드 게임은 일찍이 켈트시대부터 시작되었으며, 11세기에는 스코틀랜드를 통일한 맬컴 2세(Malcolm II)가 강인한 전사(戰士), 호위병, 사신(messenger) 등을 모집하기 위해 개최한 전통적 행사이다. 하일랜드 게임에서 괴력을 요구하는 주요 경기로는 해머(hammer) 던지기, 통나무(caber, 원목) 던지기, 자연석 내려놓기, 줄다리기 등이 있으며, 힘이 덜 드는 경기로는 단거리 경주, 언덕 뛰어오르기, 장대높이뛰기, 줄넘기 등이 있다.

하일랜드 게임의 개막식은 춤을 추고 백파이프를 부는 다채로운 행렬로 시작된다. 장대높이뛰기 선수들을 제외한 모든 참가자들은 하일랜드의 전통 의상을 입는다. 이 행사는 매년 7월에서 9월 사이에 스코틀랜드 전역에서 열리며, 대략 60여 개의 경기가 개최된다. 한편, 매년 9월에 열리는 로열(royal) 하일랜드 게임에는 엘리자베스 2세 여왕(Queen Elizabeth II)을 비롯한 왕실의 주요 인사들이 킬트 차림으로 관전한다(제이미 그랜트 203).

신티(shinty)

게일어로 '카마나흐드(camanachd)'라 불리는 '신티'는 2000여 년 전에 아일랜드의 선교사들이 스코틀랜드로 들여온 이후 스코틀랜드의 하일랜드 지방에서 인기 있는 전통 스포츠로 자리 잡았다. 신티는 90분 동안 12명의 선수로 구성된 두 팀이 스틱을 이용하여 작은 공을 상대 팀 골에 넣는 팀 경기로, 오늘날의 하키나 아일랜드의 전통 경기 헐링(hurling)과 유사하다. 신티는 하일랜드 지방의 중심부에 있는 뉴턴모어(Newtonmore)와 그 주변에서 인기가 높다. 1877년에는 이곳에서 '카마나흐드 협회(Camanachd Association)'가 생겼으며, 매년 '카마나흐드 컵(Camanachd Cup)'을 놓고 각축을 벌인다(제이미 그랜트 202).

스토킹(stalking)과 총사냥(shooting)

전통적으로 사냥은 상류층의 전유물이었다. 하일랜드 지방을 좋아했던 빅토리아 여왕이 1844년에 밸모럴(Balmoral) 지역의 사유지를 임대한 이후, 스토킹과 총사냥은 빅토리아 시대의 왕족과 부자들에게 인기 있는 취미생활의 일부가 되었다.

스코틀랜드에서 '스토킹'이라는 용어는 '성능이 뛰어난 라이플총(rifle)으로 사슴을 사냥한다'는 뜻이고, '총사냥'은 '산탄총으로 조류를 사격한다'는 뜻이다. 뇌조와 사슴이 서식하기에 적합한 하일랜드 지역의 고층습원(고층 늪지, raised bog)은 사냥꾼들의 이상적인 사냥터로, 19세기 이래로 그 면적이 점차 늘어났다. 요즈음에도 사냥을 하려면 19세기 때와 마찬가지로 큰 비용이 든다(제이미 그랜트187-191).

낚시

스코틀랜드에서는 19세기 이래로 물고기가 좋아하는 갖가지 곤충 모양의 미끼를 긴 낚싯줄에 매달아 공중으로 두어 번 흔들어 던지는 플라이 낚시(fly fishing)가 인기였다. 하지만 연어를 잡기 위해서는 미끼를 사용하는 것이 훨씬 유리하다. 연어의 사촌이라 할 수 있는 송어 낚시도 재미가 꽤 있지만, 연어 낚시보다는 수고가 뒤따른다. 왜냐하면 연어가 사는 강은 관리가 잘 되어 찾아가기가 쉽지만, 송어를 잡으려면 고립된 지역에 있는 강이나 호수까지 장거리 여행을 해야만 하기 때문이다. 스코틀랜드의 모든 지역에서는 일정한 비용을 내고 허가증을 받아야만 낚시를 할 수 있다. 하지만 오크니 제도(Orkney Islands)는 허가증 없이도 낚시를 즐길 수 있는 유일한 곳이다(제이미 그랜트 193-197).

스코틀랜드가 배출한 작가들

켈트족으로 구성된 스코틀랜드의 문학 전통은 뿌리가 깊을 뿐 아니라 스코트어, 스코틀랜드-게일어, 영어를 두루 쓰는 작가들 덕택에 표현이 풍부하고 다양하다. 로버트 번스는 18세기 영국의 신고전주의의 영향에서 벗어나 스코틀랜드 농민과 서민의 소박하고 순수한 감정을 스코틀랜드 방언으로 진솔하게 표현하였으며, 오늘날까지도 스코틀랜드의 국민시인으로 널리 존경과 사랑을 받고 있다.

송년가(送年歌)로 널리 알려진 「올드 랭 사인(Auld Lang Syne: 우리말로 '그리운 옛 시절[the good old days]'이란 뜻)」은 1788년에 번스가 스코틀랜드의 민요에 자신의 시를 가사로 붙여 만든 노래이다. 이 노래는 1935년 안익태 선생이 작곡한 애국가를 정부가 공인하여 온 국민이 부르기 이전까지, 이 곡에 애국가 가사를 붙여 우리나라의 국가(國歌)로 불린 곡이기도 하다. 영국인은 새해 이브에 영국 전역에서 손에 손을 잡고 원을 그리면서 이 노래를 즐겨 부른다.

월터 스콧은 19세기 스코틀랜드 계몽운동을 주도한 사람 중 하나이다. 그는 19세기 초반에 역사소설을 세상에 최초로 선보였다. 그리하여 스콧 이후부터 역사적 배경과 가상 인물이 결합된 재미있고 역사적 사실이 풍부한 소설들이 등장하기 시작했다. 그는 작품에서 자신의 본명을 단 한 번도 사용한 적이 없이 '웨이벌리(Waverley)'라는 필명을 썼기 때문에, 그의 소설은 일명 '웨이벌리 소설(The Waverley Novels)'로 불리기도 한다. 또한 1840년에는 그를 기리기 위해 에든버러 프린세스 스트리트 공원에 고딕(gothic) 양식으로 '월터 스콧 기념탑(Walter Scott Monument)'이 세워졌으며, 1846년에 문을 연 에든버러 '제너럴 스테이션(General Station)'은 1854년에 '웨이벌리 역(Waverley Station)'으로 개명되었다.

이들 외에도 소설가 토비아스 스몰렛(Tobias Smollet, 1721~1771), 비평가 토마스 칼라일(Thomas Carlyle, 1795~1881), 『보물섬(*Treasure Island*)』과 『지킬 박사와 하이드(*Dr. Jekyll and Mr. Hyde*)』 등을 쓴 로버트 루이스 스티븐슨(Robert Louis Stevenson, 1850~1894), 『셜록 홈스(*Sherlock Holmes*)』를 쓴 아서 코넌 도일 경(Sir Arthur Conan Doyle, 1859~1930), 『피터 팬 (*Peter Pan*)』을 쓴 배리(J. M. Barrie, 1860~1937), 『해리 포터(*Harry Potter*)』 시리즈를 쓴 조안 롤링(J. K. Rowling, 1965~) 등 수많은 작가들이 있다.

제11장
웨일스의 문화

지형

웨일스어(Welsh)로는 '친구의 나라(The Country of Friends)' 또는 '켈트인의 나라(The Country of Celts)'를 뜻하는 '컴리(Cymru)'로 불렸고, 로마인에 의해서는 '캄브리아(Cambria)'로 불렸던 웨일스(Wales)는 고대 영어로 '이방인(foreigners)'을 의미하는 'wealas'로부터 유래했다.

채플(chapel), 남자 성가대(male voice choir), 럭비 유니언(Rugby Union), 골짜기와 산악지형 등으로 유명한 웨일스는 영국에 합병(1536년에 합병됨)된 지 480여 년이 지났지만, 오늘날까지도 그들 고유의 언어와 문화, 그리고 전통을 온전히 유지해오고 있다.

웨일스는 영국을 구성하는 4개 행정구역(잉글랜드, 스코틀랜드, 웨일스, 북아일랜드) 중 하나로 그레이트브리튼섬에서 스코틀랜드와 잉글랜드를 제외한 나머지 부분에 해당한다. 또한 그레이트브리튼섬에서 동쪽으로는 잉글랜드와 국경을 마주하고 있으며, 서쪽으로는 대서양과 아일랜드 해(海)에 접해 있다. 웨일스의 총면적은 2만 779제곱킬로미터이고, 인구는 300만 명이며, 해안선의 길이는 1,200킬로미터, 남북의 거리는 242킬로미터이다.

켈트인이 이주해서 대대로 살아온 웨일스는 잉글랜드의 중앙 지역으로부터 서쪽에 있으며, 대부분의 지역이 해발 200미터의 구릉지로 산과 계곡의 변화무쌍한 경관이 아름답게 펼쳐진다.

북웨일스의 서쪽은 잉글랜드와 웨일스에서 가장 높은 스노든산(Snowdon: 해발 1,085미터)이 있고, 바위가 많은 산악지역이다. 이 중에서 2,137제곱킬로미터에 달하는 스노도니아 국립공원(The Snowdonia National Park)은 가장 유명한 지역이다.

중부 웨일스 역시 캄브리아 산맥(The Cambrian Mountains)이 중심부로 이어져 내려오는 산악지대로, 주민 수가 매우 적으며, 대부분의 정착지는 산맥의 동부지역에 있다. 338킬로미터에 달하는 세번강(The Severn)은 캄브리아 산맥에서 발원하여 브리스틀해협(The Bristol Channel)으로 흘러든다. 이

강의 약 80퍼센트 정도가 항행(航行)에 적합하므로 템스강과 더불어 영국에서 가장 중요한 강에 속한다. 강어귀에는 철도 용 수저(水底) 터널과 도로용 현수교가 있어 잉글랜드와 남 웨일스를 연결하고, 상류에는 댐과 발전소 등이 있다.

남서 웨일스는 다양한 경치와 아름다운 풍광으로 인해 사 람이 살기 좋은 지역으로, 스완지(Swansea: 인구 24만 명), 카디 프(Cardiff: 인구 34만 명), 뉴포트(Newport: 인구 14만 5,700명) 등 의 대도시들이 위치하고 있으며, 브레컨 비컨스 국립공원 (The Brecon Beacons National Park)과 펨브로크셔 해안 국립공원 (The Pembrokeshire Coast National Park) 등이 있다.

기후

웨일스의 기후는 대서양의 영향을 받는 해양성 기후로 변화가 심하다. 잉글랜드에 비해 따뜻한 편이지만 남쪽과 북쪽은 상황이 조금 다르다. 남부의 브레컨 비컨스 국립공원 일대는 매우 온화하다. 다만 남서 연안은 편서풍의 영향으로 강수량이 많고, 여름철에는 섭씨 20도를 웃도는 날도 있다. 북부의 스노도니아 산지로 이어지는 고지대(스노도니아 국립공원 지역)는 날씨의 변화가 아주 심할 뿐 아니라 꽤 추운 지역이다. 연평균 강수량은 1,385밀리미터이며, 고지대는 겨울철의 눈보라가 영국에서 가장 심한 곳으로 유명하다. 연평균 기온은 섭씨 10도이며, 1월에는 4도, 7~8월에는 16도 정도이다.

언어

웨일스인은 그들의 조상인 켈트족의 문화를 간직하고 있으며, 그들 고유의 언어도 고수해오고 있다. 이런 이유로 웨일스를 처음 방문하는 영국인은 웨일스를 '이국적인 나라'로 여길지도 모른다. 웨일스어(Welsh)는 스코틀랜드-게일어 및 아일랜드어와 마찬가지로 켈트어군에 속하며, 웨일스의 300만 전체 인구 중 대략 20퍼센트(주로 북부와 서부의 시골 지역에서 약 60만 명) 정도가 사용한다. 따라서 웨일스어는 영국에서 가장 널리 쓰이는 소수 언어이다. 1967년에 발효된 '웨일스 언어법(The Welsh Language Act)'은 모든 공식 문서를 웨일스어와 영어로 작성토록 하고 있으며, 1993년에 제정된

'웨일스 언어법'은 웨일스어를 공적인 영역에서 영어와 동급으로 규정하고 있다. 따라서 모든 도로와 공공건물의 표지판 및 공고문 등에는 영어와 웨일스어가 함께 쓰이고 있다. 19세기 중반부터 시작된 웨일스어 부활운동의 일환으로 1982년에는 웨일스어로만 방송하는 제4 TV 채널(S4C, Sianel[Channel] 4 Cymru[Wales])이 생겼다. 2000년대 이후로는 대부분의 학교에서 영어와 웨일스어를 동시에 가르치고 있으며, 500여 개의 초등학교와 중등학교에서 웨일스어를 교육용 언어로 사용하고 있다.

문화

웨일스의 문화는 아이스테드바드, 헤이 문학축제, 헌책방 마을 헤이 온 와이 등으로 특징지을 수 있다.

'아이스테드바드(Eisteddford, Gathering, Session)'는 사람들이 모여 춤, 노래, 시 낭송 실력을 겨루는 경연대회를 일컫는 웨일스 말이다. 1176년에 시작된 이 경연대회는 16세기 중엽에는 '연합법'으로 인해 잠시 주춤했다가, 18세기 후반에 이르러 오늘날의 형태로 부활하였다. '로열 내셔널 아이스테드바드 오브 웨일스(The Royal National Eisteddford of Wales)'는 매년 개최되는 웨일스의 민속예술축제로 1861년에 처음 개최되었으며, 유럽에서 제일 큰 문화행사이다. 이 축제는 웨일스어로만 진행되며, 북웨일스와 남웨일스에서 교대로 8월 첫 주에 개최된다. '인터내셔널 뮤지컬 아이스테드바드(The International Musical Eisteddford)'는 매년 7월 랑골렌(Llangollen) 에서 40여 개국 출신의 음악가들이 모여 기량을 겨루는 음악경연대회이다. '어드 내셔널 아이스테드바드(The Urdd National Eisteddford)'는 '아이들을 위한 공연 및 시각 예술축제'로 유럽에서 규모가 가장 큰 아이들 축제이다. 보통 웨일스 전역에서 선발된 대략 1만 5,000여 명의 공연자가 이 축제에 참가한다.

헤이 온 와이(Hay-on-Wye)

헤이 온 와이는 '울타리' 또는 '담장'을 뜻하는 노르만-프랑스어의 'haie'에서 유래한 지명(地名)이다. 와이강(The River Wye)가에 위치하기 때문에 '헤이 온 와이'라 불리며 그냥 '헤이'라고도 한다. 헤이 온 와이는 잉글랜드와 웨일스의 경계 지역(행정구역상으로는 웨일스에 속함)에 블랙마운틴(Black Mountain)을 마주하고 있는 작은 도시로, 과거에는 독립 왕국을 선언하여 한때 화제가 되기도 했다. 평범한 농촌 마을을 영국뿐 아니라 전 세계적으로 유명한 문화 도시로 탈바꿈시킨 것은 책과 책방을 사랑했던 한 청년의 열정 덕택이다. 이곳 출신의 리처드 부스(Richard Booth, 1938~)는 1961년 옥스퍼드대학을 졸업하고 고향으로 돌아와 헌책방을 열었다. 부스는 소방서, 극장, 구빈원, 성(城), 빈집 등 쓰지 않는 마을의 건물들을 차례로 구입하여 헌책방으로 개조했다.

그 결과, 오늘날 세계에서 가장 큰 헌책방 도시로 탈바꿈한 헤이 온 와이의 좁은 골목길에는 40여 개의 고서점이 백만 권 이상의 고서들을 소장하고 있으며, 한 해 동안의 판매량만해도 25만 권에 달한다고 하니, 가히 그 규모를 짐작할수 있다.

헤이 온 와이는 1988년에 '헤이 문학축제'를 시작함으로써 또 한 번 도약의 계기를 마련했다. 매년 5월 말에서 6월 초에 개최되는 '헤이 문학축제'에는 작가와 책을 사랑하는 사람들이 전 세계에서 몰려와 180여 개에 이르는 강연회, 전시회, 콘서트, 시 낭송회, 사인회, 인터뷰 등의 행사에 취해 11일간의 여정을 보낸 뒤 아쉬운 마음으로 발길을 돌린다. 「뉴욕 타임스(The New York Times)」는 '헤이 문학축제'가 "영어권에서 가장 중요한 축제 중 하나로 자리매김했다"고 평하기도 했다(최영승 227-230).

웨일스가 배출한 시인 딜런 토머스

웨일스가 배출한 위대한 시인은 딜런 토머스(Dylan Thomas, 1914~1953)이다. 그는 웨일스 남부의 스완지(Swansea)에서 태어나 어린 시절을 보낸 뒤, 18세 때 런던으로 건너가 라디오 드라마 대본(대표적 작품으로는 「유액나무 아래서[Under Milk Wood]」가 있음)이나 영화 대본을 쓰면서 저널리스트로 활약했고, 『18편의 시(*Eighteen Poems*)』를 발표하면서 일약 천재 시인으로 인정받아 폭발적인 인기를 누렸다. 이어 시집 『25편의 시(*Twenty-Five Poems*)』『사랑의 지도(*The Map of Love*)』『죽음과 입구(*Deaths and Entrances*)』 등을 발표하여 1930년대를 대표하는 영국 시인이 되었다.

토머스는 동시대 시인들과 차별화되는 개성 있는 시를 썼으며, 그 어떤 시인도 감히 시도한 적이 없는 어린 시절과 사춘기 시절의 심리상태와 분위기를 잘 표현했다. 그는 '현대시는 반낭만적이고, 대화체적이고, 합리적이어야 한다'는 주장을 단호히 거부하고, 자기 나름의 20세기적 수사학을 과감하게 시도했다. 그뿐만 아니라 음주와 기행(奇行), 웅변, 충격적 이미지들이 그의 작품과 중첩됨으로써 그는 30년대의 전설적 인물이 되었다. 그의 시의 위대성은 높은 음악성과 강렬한 이미지의 사용에 있다. 그는 제2차 세계대전 이후 미국에서 행한 강연과 시 낭송 등으로 높은 인기를 누리다가 과로와 음주로 인해 39세의 젊은 나이에 뉴욕에서 생을 마감했다.

다음은 그가 자기 아버지의 임종(臨終)을 앞두고 쓴 「저 어두운 밤을 순순히 받아들이지 마라(Do Not Go Gentle into That Good Night)」는 시의 일부이다.

Do not go gentle into that good night,

Old age should burn and rave at close of day:

Rage, rage against the dying of the light. (…)

저 어두운 밤을 순순히 받아들이지 마라.

노인은 하루가 끝날 무렵 불타올라 광분해야 한다.

그러니 분노하라, 꺼져가는 빛에 대항하여 분노하라. (…)

참고문헌

강혜경, 『영국문화의 이해』, 경문사, 2011.

김양수, 『영국 시문학사』, Brain House, 2003.

김재풍, 『영국사회와 문화』, 조선대학교출판부, 2003.

김현숙, 『영국문화의 이해』, 신아사, 2013.

그랜트 제이미, 『스코틀랜드』, 휘슬러, 2005.

도현신, 『영국이 만든 세계』, 도서출판 모시는 사람들, 2014.

론리플래닛 디스커버 시리즈, 『영국』, ㈜안그라픽스, 2010.

맥 세계사편찬위원회, 『영국사』, 느낌이 있는 책, 2008.

문유선, 「조선일보 여행 디자인」(2018.3.28.), 조선일보사.

문희경, 『고대에서 18세기까지: 고전영문학의 흐름』, 고려대학교출판부,
    2000.

박종성, 『영국문화 길잡이』, 신아사, 2016.

박우룡, 『영국: 지역·사회·문화의 이해』, 소나무, 2002.

송원문, 『영미문학개관』, 경문사, 2011.

아일랜드 드라마연구회, 『아일랜드, 아일랜드』, 이화여자대학교출판부, 2008.

영미문학연구회, 『영미문학의 길잡이 1: 영국문학』, 창작과비평사, 2001.

이근섭, 『영문학사 I: 영국시사』, 을유문화사, 1993.

이승호, 『이승호 교수의 아일랜드 여행지도』, 푸른길, 2005.

정연재, 『영미문화 사전』, 영어포럼, 2004.

조신권, 『정신사적으로 본 영미문학』, 한신문화사, 1994.

조일제, 『영미문화의 이해와 탐방』, 우용출판사, 2002.

최영승, 『영국사회와 문화』, 동아대학교출판부, 2009.

_____, 『영미사회와 영어권 문화여행』, 동아대학교 출판부, 2013.

_____, 『영미문화 키워드』, 동아대학교 출판부, 2004.

테리 탄, 『영국』, 휘슬러, 2005.

한일동, 『아일랜드』, 도서출판 동인, 2014.

Cannon, John (ed.), *Oxford Dictionary of British History*, Oxford UP, 2001.

Crowther, Jonathan (ed.), *Oxford Guide to British and American Culture*, Oxford UP, 1999.

Cussans, Thomas, *Kings and Queens of the British Isles*, Times Books, 2002.

Fraser, Rebecca, *The Story of Britain*, W. W. Norton & Company, 2003.

Grant, Jamie, *Culture Shock: Scotland*, Marshall Cavendish, 2001.

Grant, R. G, *History of Britain and Ireland*, DK, 2011.

Lonely Planet, *Wales*, Lonely Planet, 2011.

_____, *London: Encounter*, Lonely Planet, 2007.

_____, *British: Language & Culture*, Lonely Planet, 1999.

_____, *Discover Great Britain*, Lonely Planet, 2011.

_____, *Discover Scotland.* Lonely Planet, 2011.

Norbury, Paul, *Culture Smart: Britain*, Kuperard, 2003.

O'Driscoll, James, *Britain*, Oxford, 2009.

Steves, Rick, *Scotland*, Avalon Travel, 2017.

Watson, Fiona, *Scotland: from Prehistory to the Present*, Tempus, 2001.

프랑스엔 〈크세주〉, 일본엔 〈이와나미 문고〉, 한국에는 〈살림지식총서〉가 있습니다.

전통과 보수의 나라 영국 2

영국 문화

펴낸날	**초판 1쇄 2018년 9월 11일**

지은이	**한일동**
펴낸이	**심만수**
펴낸곳	**(주)살림출판사**
출판등록	**1989년 11월 1일 제9-210호**

주소	**경기도 파주시 광인사길 30**
전화	**031-955-1350** 팩스 **031-624-1356**
홈페이지	http://www.sallimbooks.com
이메일	book@sallimbooks.com

ISBN	978-89-522-3971-6 04080
	978-89-522-0096-9 04080 (세트)

※ 값은 뒤표지에 있습니다.
※ 잘못 만들어진 책은 구입하신 서점에서 바꾸어 드립니다.

이 도서의 국립중앙도서관 출판시도서목록(CIP)은 서지정보유통지원시스템 홈페이지
(http://seoji.nl.go.kr)와 국가자료공동목록시스템(http://www.nl.go.kr/kolisnet)에서
이용하실 수 있습니다.(CIP제어번호: CIP2018026707)

책임편집·교정교열 **최문용**

089 커피 이야기

eBook

김성윤(조선일보 기자)

커피는 일상을 영위하는 데 꼭 필요한 현대인의 생필품이 되어 버렸다. 중독성 있는 향, 마실수록 감미로운 쓴맛, 각성효과, 마음의 평화까지 제공하는 커피. 이 책에서 저자는 커피의 발견에 얽힌 이야기를 통해 그 기원을 설명한다. 커피의 문화사뿐만 아니라 커피에 대한 일반적인 정보 및 오해에 대해서도 쉽고 재미있게 소개한다.

021 색채의 상징, 색채의 심리

박영수(테마역사문화연구원 원장)

색채의 상징을 과학적으로 설명한 책. 색채의 이면에 숨어 있는 과학적 원리를 깨우쳐 주고 색채가 인간의 심리에 어떤 작용을 하는지를 여러 가지 분야의 사례를 통해 설명한다. 저자는 색에는 나름대로의 독특한 상징이 숨어 있으며, 성격에 따라 선호하는 색채도 다르다고 말한다.

001 미국의 좌파와 우파

eBook

이주영(건국대 사학과 명예교수)

진보와 보수 세력의 변천사를 통해 미국의 정치와 사회 그리고 문화가 어떻게 형성되고 변해왔는지를 추적한 책. 건국 초기의 자유방임주의가 경제위기의 상황에서 진보-좌파 세력의 득세로 이어진 과정, 민주당과 공화당의 대립과 갈등, '제2의 미국혁명'으로 일컬어지는 극우파의 성장 배경 등이 자연스럽게 서술된다.

002 미국의 정체성 10가지 코드로 미국을 말하다

eBook

김형인(한국외대 연구교수)

개인주의, 자유의 예찬, 평등주의, 법치주의, 다문주의, 청교도 정신, 개척 정신, 실용주의, 과학·기술에 대한 신뢰, 미래지향성과 직설적 표현 등 10가지 코드를 통해 미국인의 정체성과 신념을 추적한 책. 미국인의 가치관과 정신이 어떠한 과정을 통해서 형성되고 변천되어 왔는지를 보여 준다.

058 중국의 문화코드

강진석(한국외대 연구교수)

중국의 핵심적인 문화코드를 통해 중국인의 과거와 현재, 문명의 형성 배경과 다양한 문화 양상을 조명한 책. 이 책은 중국인의 대표적인 기질이 어떠한 역사적 맥락에서 형성되었는지 주목한다. 또한, 구체적이고 실제적인 여러 사물과 사례를 중심으로 중국인의 사유방식에 대해 설명해 주고 있다.

057 중국의 정체성 　　　eBook

강준영(한국외대 중국어과 교수)

중국, 중국인을 우리는 과연 어떻게 이해해야 하나? 우리 겨레의 역사와 직·간접적으로 끊임없이 영향을 주고받은 중국, 그러면서도 아직까지 그들의 속내를 자신 있게 말할 수 없는, 한편으로는 신비스럽고, 한편으로는 종잡을 수 없는 중국인에 대한 정체성을 명쾌하게 정리한 책.

015 오리엔탈리즘의 역사 　　　eBook

정진농(부산대 영문과 교수)

동양인에 대한 서양인의 오만한 사고와 의식에 준엄한 항의를 했던 에드워드 사이드의 오리엔탈리즘. 이 책은 에드워드 사이드의 이론 해설에 머무르지 않고 진정한 오리엔탈리즘의 출발점과 그 과정, 그리고 현재와 미래의 조망까지 아우른다. 또한 오리엔탈리즘이 사이드가 발굴해 낸 새로운 개념이 결코 아님을 역설한다.

186 일본의 정체성 　　　eBook

김필동(세명대 일어일문학과 교수)

일본인의 의식세계와 오늘의 일본을 만든 정신과 문화 등을 소개한 책. 일본인을 지배하는 이데올로기는 무엇이고 어떤 특징을 가지는지, 일본을 주목해야 하는 이유는 무엇인지 등이 서술된다. 일본인 행동양식의 특징과 토착적인 사상, 일본사회의 문화적 전통의 실체에 대한 분석을 통해 일본의 정체성을 체계적으로 살펴보고 있다.

261 노블레스 오블리주 세상을 비추는 기부의 역사

예종석(한양대 경영학과 교수)

프랑스어로 '높은 사회적 신분에 상응하는 도덕적 의무'를 뜻하는 노블레스 오블리주. 고대 그리스부터 현대까지 이어지고 있는 노블레스 오블리주의 역사 및 미국과 우리나라의 기부 문화를 살펴보고, 새로운 시대정신으로 노블레스 오블리주를 부활시킬 수 있는 가능성을 모색해 본다.

396 치명적인 금융위기, 왜 유독 대한민국인가 `eBook`

오형규(한국경제신문 논설위원)

이 책은 전 세계적인 금융 리스크의 증가 현상을 살펴보는 동시에 유달리 위기에 취약한 대한민국 경제의 문제를 진단한다. 금융안정망 구축 방안과 같은 실용적인 경제정책에서부터 개개인이 기억해야 할 대비법까지 제시해 주는 이 책을 통해 현대사회의 뉴 노멀이 되어 버린 금융위기에서 살아남는 방법을 확인해 보자.

400 불안사회 대한민국, 복지가 해답인가 `eBook`

신광영(중앙대 사회학과 교수)

대한민국 사회의 미래를 위해서 복지는 선택이 아니라 필수라고 말하는 책. 이를 위해 경제 위기, 사회해체, 저출산 고령화, 공동체 붕괴 등 불안사회 대한민국이 안고 있는 수많은 리스크를 진단한다. 저자는 사회적 위험에 대응하기 위한 복지 제도야말로 국민 모두의 삶의 질을 높일 수 있는 길이라는 것을 역설한다.

380 기후변화 이야기 `eBook`

이유진(녹색연합 기후에너지 정책위원)

이 책은 기후변화라는 위기의 시대를 살면서 우리가 알아야 할 기본지식을 소개한다. 저자는 기후변화와 관련된 핵심 쟁점들을 모두 정리하는 동시에 우리가 행동해야 할 실천적인 대안을 제시한다. 이를 통해 독자들은 기후변화 시대를 사는 우리가 무엇을 해야 할 것인지에 대하여 생각해 볼 수 있을 것이다.

사회 · 문화

(주)살림출판사
www.sallimbooks.com
주소 경기도 파주시 문발동 522-1 | 전화 031-955-1350 | 팩스 031-955-1355